3단법령시리즈 038

집합건물의 소유 및 관리에 관한 법률

(약칭 : 집합건물법)

법률·시행령·시행규칙 3단 수록

별표, 별지 서식 포함

《JS 한국데이터시스템

머리말

'3단법령시리즈'는 방대한 법전을 보지 않고 해당되는 법률만 바로 참고해서 볼 수 있도록 구성하였습니다. 공공기관이나 관련 종사자들이 쉽고 간편하게 해당 법률을 참조 할 수 있도록 하였습니다.

특히 해당 법률은 물론 관련 시행령, 시행규칙을 한눈에 볼 수 있도록 '3단'으로 실어 서로 참고할 수 있게 하였습니다.

별표와 별지 서식을 수록하여 편리함을 더하였습니다.
표지에 발행일을 표기하여 해당 도서의 개정 일자로 최신 법령의 유무를 쉽게 확인 할 수 있도록 하였습니다.

'3단 법령'과 별표, 별지 서식 수록으로 편리함을 더하였으나, 그만큼 분량이 늘어난 점은 불편할 수도 있어 간단 법률의 경우 시중에 나와 있는 것이 있으니 참조하기를 바랍니다.
시행령, 시행규칙이 없는 일부 법률은 '3단 법령'의 구성요건이 되지 않아 이번 시리즈에 포함하지 않았습니다. 차후 상황에 따라 수록 여부를 재검토 하겠습니다.

오랜 기간 준비한 '3단법령시리즈'가 법을 찾고, 이용하는데 조금이나마 편리하게 사용되기를 기원합니다.
법률이라는 것이 크든 작든 항상 변하기 마련인데, 종이 인쇄의 시간적 한계로 가장 최신의 법률은 법률의 기본 출처인 [법제처 국가법령정보센터]에서 확인이 가능하니 법률의 실제 적용 시 확인이 필요한 점 유의하기를 바랍니다.

편집부

목차

별표와 별지 서식에서 **누락된 번호**는
개정되면서 삭제된 결번입니다.

* 수록 법률은 법제처 국가법령정보센터에서 확인 가능합니다.

* 발행일 기준 시행 법률이므로 최신 법령은 위 센터에서 볼 수 있습니다.

* 본 책자에 수록된 법률의 문구에 대하여 법적인 효력은 없으며,
  실제 적용 법률은 위 센터에서 최신의 법률로 확인하시기 바랍니다.

* 해당 법령과 함께 시행령, 시행규칙을 3단으로 수록하였습니다.

* 일부 법령은 시행령, 시행규칙이 없는 경우도 있습니다.

3단비교표 (법률-시행령-시행규칙)

「집합건물의 소유 및 관리에 관한 법률」

집합건물의 소유 및 관리에 관한 법률 [법률 제19282호, 2023. 3. 28., 일부개정]	집합건물의 소유 및 관리에 관한 법률 시행령 [대통령령 제33737호, 2023. 9. 26., 일부개정]	연관된 시행규칙이 없습니다.
제1장 건물의 구분소유 제1절 총칙 제1조(건물의 구분소유) 1동의 건물 중 구조상 구분된 여러 개의 부분이 독립한 건물로서 사용될 수 있을 때에는 그 각 부분은 이 법에서 정하는 바에 따라 각각 소유권의 목적으로 할 수 있다.	제1조(목적) 이 영은 「집합건물의 소유 및 관리에 관한 법률」에서 위임된 사항과 그 시행에 필요한 사항을 규정함을 목적으로 한다.	
제1조의2(상가건물의 구분소유) ① 1동의 건물이 다음 각 호에 해당하는 방식으로 여러 개의 건물부분으로 이용상 구분된 경우에 그 건물부분(이하 "구분점포"라 한다)은 이 법에서 정하는 바에 따라 각각 소유권의 목적으로 할 수 있다.〈개정 2020. 2. 4.〉 1. 구분점포의 용도가 「건축법」 제2조제2항제7호의 판매시설 및 같은 항 제8호의 운수시설일 것 2. 삭제〈2020. 2. 4.〉		

3. 경계를 명확하게 알아볼 수 있는 표지를 바닥에 견고하게 설치할 것 4. 구분점포별로 부여된 건물번호표지를 견고하게 붙일 것 ② 제1항에 따른 경계표지 및 건물번호표지에 관하여 필요한 사항은 대통령령으로 정한다. [전문개정 2010. 3. 31.]		
제2조(정의) 이 법에서 사용하는 용어의 뜻은 다음과 같다. 1. "구분소유권"이란 제1조 또는 제1조의2에 규정된 건물부분[제3조제2항 및 제3항에 따라 공용부분(共用部分)으로 된 것은 제외한다]을 목적으로 하는 소유권을 말한다. 2. "구분소유자"란 구분소유권을 가지는 자를 말한다. 3. "전유부분"(專有部分)이란 구분소유권의 목적인 건물부분을 말한다. 4. "공용부분"이란 전유부분 외의 건물부분, 전유부분에 속하지 아니하는 건물의 부속물 및 제3조제2항 및 제3항에 따라 공용부분으로 된 부속의 건물을 말한다. 5. "건물의 대지"란 전유부분이 속하는 1동의 건물이 있는 토지 및 제4조에 따라 건물의 대지로 된 토지를 말한다. 6. "대지사용권"이란 구분소유자가 전유부분을 소유하	제2조(경계표지) ① 「집합건물의 소유 및 관리에 관한 법률」(이하 "법"이라 한다) 제1조의2제1항제3호에 따른 경계표지는 바닥에 너비 3센티미터 이상의 동판, 스테인리스강판, 석재 또는 그 밖에 쉽게 부식·손상 또는 마모되지 아니하는 재료로서 구분점포의 바닥재료와는 다른 재료로 설치하여야 한다. ② 경계표지 재료의 색은 건물바닥의 색과 명확히 구분되어야 한다.	

<table>
<tr><td>기 위하여 건물의 대지에 대하여 가지는 권리를 말한다.
[전문개정 2010. 3. 31.]</td><td></td><td></td></tr>
<tr><td>제2조의2(다른 법률과의 관계) 집합주택의 관리 방법과 기준, 하자담보책임에 관한 「주택법」 및 「공동주택관리법」의 특별한 규정은 이 법에 저촉되어 구분소유자의 기본적인 권리를 해치지 아니하는 범위에서 효력이 있다.</td><td></td><td></td></tr>
<tr><td>제3조(공용부분) ① 여러 개의 전유부분으로 통하는 복도, 계단, 그 밖에 구조상 구분소유자 전원 또는 일부의 공용(共用)에 제공되는 건물부분은 구분소유권의 목적으로 할 수 없다.
② 제1조 또는 제1조의2에 규정된 건물부분과 부속의 건물은 규약으로써 공용부분으로 정할 수 있다.
③ 제1조 또는 제1조의2에 규정된 건물부분의 전부 또는 부속건물을 소유하는 자는 공정증서(公正證書)로써 제2항의 규약에 상응하는 것을 정할 수 있다.
④ 제2항과 제3항의 경우에는 공용부분이라는 취지를 등기하여야 한다.
[전문개정 2010. 3. 31.]</td><td>제3조(건물번호표지) ① 법 제1조의2제1항제4호에 따른 건물번호표지는 구분점포 내 바닥의 잘 보이는 곳에 설치하여야 한다.
② 건물번호표지 글자의 가로규격은 5센티미터 이상, 세로규격은 10센티미터 이상이 되어야 한다.
③ 구분점포의 위치가 표시된 현황도를 건물 각 층 입구의 잘 보이는 곳에 견고하게 설치하여야 한다.
④ 건물번호표지의 재료와 색에 관하여는 제2조를 준용한다.</td><td></td></tr>
<tr><td>제4조(규약에 따른 건물의 대지) ① 통로, 주차장, 정원, 부속건물의 대지, 그 밖에 전유부분이 속하는 1동의 건물 및 그 건물이 있는 토지와 하나로 관리되거나 사용되는 토지는 규약으로써 건물의 대지로 할 수 있다.</td><td>제4조(시공자의 범위) 법 제9조제1항 전단에서 "대통령령으로 정하는 자"란 다음 각 호의 자를 말한다.
1. 건물의 전부 또는 일부를 시공하여 완성한 자
2. 제1호의 자로부터 건물의 시공을 일괄 도급받은</td><td></td></tr>
</table>

② 제1항의 경우에는 제3조제3항을 준용한다. ③ 건물이 있는 토지가 건물이 일부 멸실함에 따라 건물이 있는 토지가 아닌 토지로 된 경우에는 그 토지는 제1항에 따라 규약으로써 건물의 대지로 정한 것으로 본다. 건물이 있는 토지의 일부가 분할로 인하여 건물이 있는 토지가 아닌 토지로 된 경우에도 같다. [전문개정 2010. 3. 31.]	자(제1호의 자가 담보책임을 질 수 없는 경우로 한정한다)	
제5조(구분소유자의 권리·의무 등) ① 구분소유자는 건물의 보존에 해로운 행위나 그 밖에 건물의 관리 및 사용에 관하여 구분소유자 공동의 이익에 어긋나는 행위를 하여서는 아니 된다. ② 전유부분이 주거의 용도로 분양된 것인 경우에는 구분소유자는 정당한 사유 없이 그 부분을 주거 외의 용도로 사용하거나 그 내부 벽을 철거하거나 파손하여 증축·개축하는 행위를 하여서는 아니 된다. ③ 구분소유자는 그 전유부분이나 공용부분을 보존하거나 개량하기 위하여 필요한 범위에서 다른 구분소유자의 전유부분 또는 자기의 공유(共有)에 속하지 아니하는 공용부분의 사용을 청구할 수 있다. 이 경우 다른 구분소유자가 손해를 입었을 때에는 보상하여야 한다. ④ 전유부분을 점유하는 자로서 구분소유자가 아닌 자(이하 "점유자"라 한다)에 대하여는 제1항부터 제3항	제5조(담보책임의 존속기간) 법 제9조의2제1항제2호에서 "대통령령으로 정하는 기간"이란 다음 각 호의 구분에 따른 기간을 말한다. 1. 법 제9조의2제2항 각 호에 따른 기산일 전에 발생한 하자: 5년 2. 법 제9조의2제2항 각 호에 따른 기산일 이후에 발생한 하자: 다음 각 목의 구분에 따른다. 가. 대지조성공사, 철근콘크리트공사, 철골공사, 조적(組積)공사, 지붕 및 방수공사의 하자 등 건물의 구조상 또는 안전상의 하자: 5년 나. 「건축법」 제2조제1항제4호에 따른 건축설비 공사(이와 유사한 설비공사를 포함한다), 목공사, 창호공사 및 조경공사의 하자 등 건물의 기능상 또는 미관상의 하자: 3년 다. 마감공사의 하자 등 하자의 발견·교체 및 보수	

까지의 규정을 준용한다. [전문개정 2010. 3. 31.]	가 용이한 하자: 2년	
	제5조의2(분양자의 관리단집회 소집통지 등) ① 법 제9조제1항에 따른 분양자(이하 "분양자"라 한다)는 법 제9조의3제3항에 따라 구분소유자에게 규약 설정 및 관리인 선임을 위한 관리단집회(법 제23조에 따른 관리단의 집회를 말한다. 이하 같다)를 소집할 것을 다음 각 호의 사항을 기재한 서면으로 통지해야 한다.〈개정 2023. 9. 26.〉 1. 예정된 매수인 중 이전등기를 마친 매수인의 비율 2. 법 제33조제4항에 따른 관리단집회의 소집청구에 필요한 구분소유자의 정수(定數) 3. 구분소유자는 해당 통지를 받은 날부터 3개월 이내에 관리단집회를 소집해야 하고 그렇지 않은 경우에는 분양자가 법 제9조의3제4항에 따라 지체 없이 관리단집회를 소집한다는 뜻 ② 제1항의 통지는 구분소유자가 분양자에게 따로 통지장소를 알린 경우에는 그 장소로 발송하고, 알리지 않은 경우에는 구분소유자가 소유하는 전유부분이 있는 장소로 발송해야 한다. 이 경우 제1항의 통지는 통상적으로 도달할 시기에 도달한 것으로 본다. ③ 분양자는 제1항의 통지내용을 건물 내의 적당한 장소에 게시함으로써 건물 내에 주소를 가지는 구분소유	

	자 또는 제2항의 통지장소를 알리지 않은 구분소유자에 대한 소집통지를 갈음할 수 있음을 법 제9조의3제2항에 따른 규약에 상응하는 것으로 정할 수 있다. 이 경우 제1항의 통지는 게시한 때에 도달한 것으로 본다. [본조신설 2021. 2. 2.]	
	제5조의3(수선계획의 수립) 법 제23조에 따른 관리단(이하 "관리단"이라 한다)이 법 제17조의2제1항에 따라 수립하는 수선계획에는 다음 각 호의 사항이 포함되어야 한다. 1. 계획기간 2. 외벽 보수, 옥상 방수, 급수관·배수관 교체, 창·현관문 등의 개량 등 수선대상 및 수선방법 3. 수선대상별 예상 수선주기 4. 계획기간 내 수선비용 추산액 및 산출근거 5. 수선계획의 재검토주기 6. 법 제17조의2제2항 본문에 따른 수선적립금(이하 "수선적립금"이라 한다)의 사용절차 7. 그 밖에 관리단집회의 결의에 따라 수선계획에 포함하기로 한 사항 [본조신설 2021. 2. 2.]	
	제5조의4(수선적립금의 징수·적립) ① 관리단은 법 제17조의2제2항 본문에 따라 수선적립금을 징수하려는 경	

법률	시행령	시행규칙
	우 관리비와 구분하여 징수해야 한다. ② 수선적립금은 법 제28조에 따른 규약(이하 "규약"이라 한다)이나 관리단집회의 결의로 달리 정한 바가 없으면 법 제12조에 따른 구분소유자의 지분 비율에 따라 산출하여 징수하고, 관리단이 존속하는 동안 매달 적립한다. 이 경우 분양되지 않은 전유부분의 면적 비율에 따라 산출한 수선적립금 부담분은 분양자가 부담한다. ③ 수선적립금의 예치방법에 관하여 규약이나 관리단집회의 결의로 달리 정한 바가 없으면 「은행법」 제2조제1항제2호에 따른 은행 또는 우체국에 관리단의 명의로 계좌를 개설하여 예치해야 한다. ④ 구분소유자는 수선적립금을 법 제5조제4항에 따른 점유자(이하 "점유자"라 한다)가 대신하여 납부한 경우에는 그 금액을 점유자에게 지급해야 한다. [본조신설 2021. 2. 2.]	
	제5조의5(관리인의 선임신고) 법 제24조제6항에 따른 관리인으로 선임된 자는 선임일부터 30일 이내에 별지 서식의 관리인 선임 신고서에 선임사실을 입증할 수 있는 다음 각 호의 어느 하나에 해당하는 자료를 첨부하여 특별자치시장, 특별자치도지사, 시장, 군수 또는 자치구의 구청장(이하 "소관청"이라 한다)에게 제출해야 한다. 1. 법 제39조제2항에 따른 관리단집회 의사록	

	2. 규약 및 제11조제2항에 따른 관리위원회 의사록 3. 법 제24조의2제1항에 따른 임시관리인 선임청구에 대한 법원의 결정문 [본조신설 2021. 2. 2.]	
제6조(건물의 설치·보존상의 흠 추정) 전유부분이 속하는 1동의 건물의 설치 또는 보존의 흠으로 인하여 다른 자에게 손해를 입힌 경우에는 그 흠은 공용부분에 존재하는 것으로 추정한다.	제6조(관리인의 보고의무) ① 법 제26조제1항에 따라 관리인이 보고해야 하는 사무는 다음 각 호와 같다.〈개정 2021. 2. 2.〉 1. 관리단의 사무 집행을 위한 분담금액과 비용의 산정방법, 징수·지출·적립내역에 관한 사항 2. 제1호 외에 관리단이 얻은 수입 및 그 사용 내역에 관한 사항 3. 관리위탁계약 등 관리단이 체결하는 계약의 당사자 선정과정 및 계약조건에 관한 사항 4. 규약 및 규약에 기초하여 만든 규정의 설정·변경·폐지에 관한 사항 5. 관리단 임직원의 변동에 관한 사항 6. 건물의 대지, 공용부분 및 부속시설의 보존·관리·변경에 관한 사항 7. 관리단을 대표한 재판상 행위에 관한 사항 8. 그 밖에 규약, 규약에 기초하여 만든 규정이나 관리단집회의 결의에서 정하는 사항 ② 관리인은 규약에 달리 정한 바가 없으면 월 1회 구	

	분소유자 및 그의 승낙을 받아 전유부분을 점유하는 자에게 관리단의 사무 집행을 위한 분담금액과 비용의 산정방법을 서면으로 보고하여야 한다.〈개정 2023. 9. 26.〉 ③ 관리인은 법 제32조에 따른 정기 관리단집회에 출석하여 관리단이 수행한 사무의 주요 내용과 예산·결산 내역을 보고하여야 한다.	
	제6조의2(회계감사대상 건물의 범위) ① 법 제26조의2제1항 본문에서 "대통령령으로 정하는 건물"이란 다음 각 호의 어느 하나에 해당하는 건물을 말한다. 1. 직전 회계연도에 구분소유자로부터 징수한 관리비(전기료, 수도료 등 구분소유자 또는 점유자가 납부하는 사용료를 포함한다. 이하 이 조에서 같다)가 3억원 이상인 건물 2. 직전 회계연도 말 기준으로 적립되어 있는 수선적립금이 3억원 이상인 건물 ② 법 제26조의2제3항 전단에서 "대통령령으로 정하는 건물"이란 다음 각 호의 어느 하나에 해당하는 건물을 말한다. 1. 제1항 각 호의 어느 하나에 해당하는 건물 2. 직전 회계연도를 포함하여 3년 이상 「주식회사 등의 외부감사에 관한 법률」 제2조제7호에 따른 감사인(이하 "감사인"이라 한다)의 회계감사를 받지 않은 건물	

	로서 다음 각 목의 어느 하나에 해당하는 건물 가. 직전 회계연도에 구분소유자로부터 징수한 관리비가 1억원 이상인 건물 나. 직전 회계연도 말 기준으로 적립되어 있는 수선적립금이 1억원 이상인 건물 [본조신설 2021. 2. 2.]	
	제6조의3(감사인의 선정방법 및 회계감사의 기준 등) ① 법 제26조의2제1항 본문에 따라 회계감사를 받아야 하는 관리인은 매 회계연도 종료 후 3개월 이내에 해당 회계연도의 회계감사를 실시할 감사인을 선임해야 한다. 이 경우 해당 건물에 법 제26조의3제1항에 따른 관리위원회(이하 "관리위원회"라 한다)가 구성되어 있는 경우에는 관리위원회의 결의를 거쳐 감사인을 선임해야 한다. ② 법 제26조의2제1항 또는 제3항에 따라 회계감사를 받아야 하는 관리인은 소관청 또는 「공인회계사법」 제41조에 따른 한국공인회계사회에 감사인의 추천을 의뢰할 수 있다. 이 경우 해당 건물에 관리위원회가 구성되어 있는 경우에는 관리위원회의 결의를 거쳐 감사인의 추천을 의뢰해야 한다. ③ 법 제26조의2제1항 또는 제3항에 따라 회계감사를 받아야 하는 관리인은 매 회계연도 종료 후 9개월 이내에 다음 각 호의 재무제표와 관리비 운영의 적정성	

	에 대하여 회계감사를 받아야 한다. 1. 재무상태표 2. 운영성과표 3. 이익잉여금처분계산서 또는 결손금처리계산서 4. 주석(註釋) ④ 제3항 각 호의 재무제표를 작성하는 회계처리기준은 법무부장관이 정하여 고시한다. ⑤ 제3항에 따른 회계감사는 「주식회사 등의 외부감사에 관한 법률」 제16조에 따른 회계감사기준에 따라 실시한다. [본조신설 2021. 2. 2.]	
	제6조의4(회계감사의 결과 보고) ① 법 제26조의2제1항 또는 제3항에 따른 회계감사를 받은 관리인은 감사보고서 등 회계감사의 결과를 제출받은 날부터 1개월 이내에 해당 결과를 구분소유자 및 그의 승낙을 받아 전유부분을 점유하는 자에게 서면으로 보고해야 한다. ② 제1항의 보고는 구분소유자 또는 그의 승낙을 받아 전유부분을 점유하는 자가 관리인에게 따로 보고장소를 알린 경우에는 그 장소로 발송하고, 알리지 않은 경우에는 구분소유자가 소유하는 전유부분이 있는 장소로 발송한다. 이 경우 제1항의 보고는 통상적으로 도달할 시기에 도달한 것으로 본다.	

	③ 제2항에도 불구하고 법 제26조의2제4항에 따른 관리인의 보고의무는 건물 내의 적당한 장소에 회계감사의 결과를 게시하거나 인터넷 홈페이지에 해당 결과를 공개함으로써 이행할 수 있음을 규약으로 정할 수 있다. 이 경우 제1항의 보고는 게시한 때에 도달한 것으로 본다. [본조신설 2021. 2. 2.]	
제7조(구분소유권 매도청구권) 대지사용권을 가지지 아니한 구분소유자가 있을 때에는 그 전유부분의 철거를 청구할 권리를 가진 자는 그 구분소유자에 대하여 구분소유권을 시가(時價)로 매도할 것을 청구할 수 있다.	제7조(관리위원회의 구성) ① 관리위원회의 위원은 선거구별로 선출할 수 있다. 이 경우 선거구 및 선거구별 관리위원회 위원의 수는 규약으로 정한다.〈개정 2021. 2. 2.〉 ② 법 제26조의4제1항 단서에 따라 규약으로 관리위원회의 위원 선출에 대한 관리단집회의 결의에 관하여 달리 정하는 경우에는 구분소유자의 수 및 의결권의 비율을 합리적이고 공평하게 고려해야 한다.〈개정 2021. 2. 2.〉 ③ 관리위원회에는 위원장 1명을 두며, 위원장은 관리위원회의 위원 중에서 선출하되 그 선출에 관하여는 법 제26조의4제1항을 준용한다.〈개정 2021. 2. 2.〉 ④ 관리위원회의 위원은 규약에서 정한 사유가 있는 경우에 해임할 수 있다. 이 경우 관리위원회 위원의 해임 방법에 관하여는 제1항 및 법 제26조의4제1항을 준용하며, “선출”은 “해임”으로 본다.〈개정 2021. 2. 2.〉	

제8조(대지공유자의 분할청구 금지) 대지 위에 구분소유권의 목적인 건물이 속하는 1동의 건물이 있을 때에는 그 대지의 공유자는 그 건물 사용에 필요한 범위의 대지에 대하여는 분할을 청구하지 못한다.	제8조(관리위원회 위원의 결격사유) 다음 각 호의 어느 하나에 해당하는 사람은 관리위원회의 위원이 될 수 없다. 1. 미성년자, 피성년후견인 2. 파산선고를 받은 자로서 복권되지 아니한 사람 3. 금고 이상의 형을 선고받고 그 집행이 끝나거나 그 집행을 받지 아니하기로 확정된 후 5년이 지나지 아니한 사람(과실범은 제외한다) 4. 금고 이상의 형을 선고받고 그 집행유예 기간이 끝난 날부터 2년이 지나지 아니한 사람(과실범은 제외한다) 5. 집합건물의 관리와 관련하여 벌금 100만원 이상의 형을 선고받은 후 5년이 지나지 아니한 사람 6. 관리위탁계약 등 관리단의 사무와 관련하여 관리단과 계약을 체결한 자 또는 그 임직원 7. 관리단에 매달 납부하여야 할 분담금을 3개월 연속하여 체납한 사람	
제9조(담보책임) ① 제1조 또는 제1조의2의 건물을 건축하여 분양한 자(이하 "분양자"라 한다)와 분양자와의 계약에 따라 건물을 건축한 자로서 대통령령으로 정하는 자(이하 "시공자"라 한다)는 구분소유자에 대하여 담보책임을 진다. 이 경우 그 담보책임에 관하여는 「민법」 제667조 및 제668조를 준용한다.〈개정 2012. 12. 18.〉 ② 제1항에도 불구하고 시공자가 분양자에게 부담하	제9조(관리위원회의 소집) ① 관리위원회의 위원장은 필요하다고 인정할 때에는 관리위원회를 소집할 수 있다. ② 관리위원회의 위원장은 다음 각 호의 어느 하나에 해당하는 경우에는 관리위원회를 소집하여야 한다. 1. 관리위원회 위원 5분의 1 이상이 청구하는 경우 2. 관리인이 청구하는 경우	

는 담보책임에 관하여 다른 법률에 특별한 규정이 있으면 시공자는 그 법률에서 정하는 담보책임의 범위에서 구분소유자에게 제1항의 담보책임을 진다.〈신설 2012. 12. 18.〉 ③ 제1항 및 제2항에 따른 시공자의 담보책임 중 「민법」 제667조제2항에 따른 손해배상책임은 분양자에게 회생절차개시 신청, 파산 신청, 해산, 무자력(無資力) 또는 그 밖에 이에 준하는 사유가 있는 경우에만 지며, 시공자가 이미 분양자에게 손해배상을 한 경우에는 그 범위에서 구분소유자에 대한 책임을 면(免)한다.〈신설 2012. 12. 18.〉 ④ 분양자와 시공자의 담보책임에 관하여 이 법과 「민법」에 규정된 것보다 매수인에게 불리한 특약은 효력이 없다.〈개정 2012. 12. 18.〉 [전문개정 2010. 3. 31.]	3. 그 밖에 규약에서 정하는 경우 ③ 제2항의 청구가 있은 후 관리위원회의 위원장이 청구일부터 2주일 이내의 날을 회의일로 하는 소집통지 절차를 1주일 이내에 밟지 아니하면 소집을 청구한 사람이 관리위원회를 소집할 수 있다. ④ 관리위원회를 소집하려면 회의일 1주일 전에 회의의 일시, 장소, 목적사항을 구체적으로 밝혀 각 관리위원회 위원에게 통지하여야 한다. 다만, 이 기간은 규약으로 달리 정할 수 있다. ⑤ 관리위원회는 관리위원회의 위원 전원이 동의하면 제4항에 따른 소집절차를 거치지 아니하고 소집할 수 있다.	
제9조의2(담보책임의 존속기간) ① 제9조에 따른 담보책임에 관한 구분소유자의 권리는 다음 각 호의 기간 내에 행사하여야 한다. 1. 「건축법」 제2조제1항제7호에 따른 건물의 주요구조부 및 지반공사의 하자: 10년 2. 제1호에 규정된 하자 외의 하자: 하자의 중대성, 내구연한, 교체가능성 등을 고려하여 5년의 범위에서 대		

통령령으로 정하는 기간 ② 제1항의 기간은 다음 각 호의 날부터 기산한다. 〈개정 2016. 1. 19.〉 1. 전유부분: 구분소유자에게 인도한 날 2. 공용부분: 「주택법」 제49조에 따른 사용검사일(집합건물 전부에 대하여 임시 사용승인을 받은 경우에는 그 임시 사용승인일을 말하고, 「주택법」 제49조제1항 단서에 따라 분할 사용검사나 동별 사용검사를 받은 경우에는 분할 사용검사일 또는 동별 사용검사일을 말한다) 또는 「건축법」 제22조에 따른 사용승인일 ③ 제1항 및 제2항에도 불구하고 제1항 각 호의 하자로 인하여 건물이 멸실되거나 훼손된 경우에는 그 멸실되거나 훼손된 날부터 1년 이내에 권리를 행사하여야 한다. [본조신설 2012. 12. 18.]		
제9조의3(분양자의 관리의무 등) ① 분양자는 제24조제3항에 따라 선임(選任)된 관리인이 사무를 개시(開始)할 때까지 선량한 관리자의 주의로 건물과 대지 및 부속시설을 관리하여야 한다.〈개정 2020. 2. 4.〉 ② 분양자는 제28조제4항에 따른 표준규약 및 같은 조 제5항에 따른 지역별 표준규약을 참고하여 공정증서로써 규약에 상응하는 것을 정하여 분양계약을 체결하기 전에		

분양을 받을 자에게 주어야 한다.〈개정 2023. 3. 28.〉 ③ 분양자는 예정된 매수인의 2분의 1 이상이 이전등기를 한 때에는 규약 설정 및 관리인 선임을 위한 관리단집회(제23조에 따른 관리단의 집회를 말한다. 이하 같다)를 소집할 것을 대통령령으로 정하는 바에 따라 구분소유자에게 통지하여야 한다. 이 경우 통지받은 날부터 3개월 이내에 관리단집회를 소집할 것을 명시하여야 한다.〈개정 2020. 2. 4.〉 ④ 분양자는 구분소유자가 제3항의 통지를 받은 날부터 3개월 이내에 관리단집회를 소집하지 아니하는 경우에는 지체 없이 관리단집회를 소집하여야 한다.〈신설 2020. 2. 4.〉 [본조신설 2012. 12. 18.]		
제2절 공용부분 제10조(공용부분의 귀속 등) ① 공용부분은 구분소유자 전원의 공유에 속한다. 다만, 일부의 구분소유자만이 공용하도록 제공되는 것임이 명백한 공용부분(이하 "일부공용부분"이라 한다)은 그들 구분소유자의 공유에 속한다. ② 제1항의 공유에 관하여는 제11조부터 제18조까지의 규정에 따른다. 다만, 제12조, 제17조에 규정한 사항에 관하여는 규약으로써 달리 정할 수 있다.	제10조(관리위원회의 의결방법) ① 관리위원회의 의사(議事)는 규약에 달리 정한 바가 없으면 관리위원회 재적위원 과반수의 찬성으로 의결한다. ② 관리위원회 위원은 질병, 해외체류 등 부득이한 사유가 있는 경우 외에는 서면이나 대리인을 통하여 의결권을 행사할 수 없다.	

[전문개정 2010. 3. 31.]		
제11조(공유자의 사용권) 각 공유자는 공용부분을 그 용도에 따라 사용할 수 있다.	제11조(관리위원회의 운영) ① 규약에 달리 정한 바가 없으면 다음 각 호의 순서에 따른 사람이 관리위원회의 회의를 주재한다. 1. 관리위원회의 위원장 2. 관리위원회의 위원장이 지정한 관리위원회 위원 3. 관리위원회의 위원 중 연장자 ② 관리위원회 회의를 주재한 자는 관리위원회의 의사에 관하여 의사록을 작성·보관하여야 한다. ③ 이해관계인은 제2항에 따라 관리위원회의 의사록을 보관하는 자에게 관리위원회 의사록의 열람을 청구하거나 자기 비용으로 등본의 발급을 청구할 수 있다.	
	제11조의2(집합건물의 관리에 관한 감독) 법 제26조의5 제1항제6호에서 "대통령령으로 정하는 사항"이란 다음 각 호의 사항을 말한다. 1. 법 제30조(법 제52조에서 준용하는 경우를 포함한다)에 따른 규약의 보관에 관한 사항 2. 법 제39조(법 제52조에서 준용하는 경우를 포함한다)에 따른 관리단집회 의사록의 작성·보관에 관한 사항 3. 법 제41조(법 제52조에서 준용하는 경우를 포함한다)에 따른 관리단집회의 서면 또는 전자적 방법으로	

<table>
<tr><td></td><td>기록된 정보의 보관에 관한 사항
[본조신설 2023. 9. 26.]</td><td></td></tr>
<tr><td>제12조(공유자의 지분권) ① 각 공유자의 지분은 그가 가지는 전유부분의 면적 비율에 따른다.
② 제1항의 경우 일부공용부분으로서 면적이 있는 것은 그 공용부분을 공용하는 구분소유자의 전유부분의 면적 비율에 따라 배분하여 그 면적을 각 구분소유자의 전유부분 면적에 포함한다.
[전문개정 2010. 3. 31.]</td><td>제12조(표준규약) 법 제28조제4항에 따라 법무부장관이 마련해야 하는 표준규약과 같은 조 제5항에 따라 특별시장·광역시장·특별자치시장·도지사 및 특별자치도지사(이하 “시·도지사”라 한다)가 마련해야 하는 지역별 표준규약에는 각각 다음 각 호의 사항이 포함되어야 한다.
1. 구분소유자의 권리와 의무에 관한 사항
2. 규약의 설정·변경·폐지에 관한 사항
3. 구분소유자 공동의 이익과 관련된 전유부분의 사용에 관한 사항
4. 건물의 대지, 공용부분 및 부속시설의 사용 및 보존·관리·변경에 관한 사항
5. 관리위탁계약 등 관리단이 체결하는 계약에 관한 사항
6. 관리단집회의 운영에 관한 사항
7. 관리인의 선임 및 해임에 관한 사항
8. 관리위원회에 관한 사항
9. 관리단의 임직원에 관한 사항
10. 관리단의 사무 집행을 위한 분담금액과 비용의 산정방법, 징수·지출·적립내역에 관한 사항
11. 제10호 외에 관리단이 얻은 수입의 사용방법에</td><td></td></tr>
</table>

	관한 사항 12. 회계처리기준 및 회계관리·회계감사에 관한 사항 13. 의무위반자에 대한 조치에 관한 사항 14. 그 밖에 집합건물의 관리에 필요한 사항	
제13조(전유부분과 공용부분에 대한 지분의 일체성) ① 공용부분에 대한 공유자의 지분은 그가 가지는 전유부분의 처분에 따른다. ② 공유자는 그가 가지는 전유부분과 분리하여 공용부분에 대한 지분을 처분할 수 없다. ③ 공용부분에 관한 물권의 득실변경(得失變更)은 등기가 필요하지 아니하다. [전문개정 2010. 3. 31.]	제13조(전자적 방법에 의한 의결권 행사) ① 법 제38조제2항에서 "대통령령으로 정하는 방법"이란 다음 각 호의 방법을 말한다.〈개정 2020. 12. 8., 2023. 9. 26.〉 1. 「전자서명법」 제2조제2호에 따른 전자서명 또는 인증서로서 서명자의 실지명의를 확인할 수 있는 전자서명 또는 인증서를 통하여 본인 확인을 거쳐 의결권을 행사하는 방법 1의2. 휴대전화를 통한 본인인증 등 「정보통신망 이용촉진 및 정보보호 등에 관한 법률」 제23조의3제1항에 따른 지정을 받은 본인확인기관에서 제공하는 본인 확인을 거쳐 의결권을 행사하는 방법 2. 규약에서 「전자서명법」 제2조제1호에 따른 전자문서를 제출하는 방법 등 본인 확인절차를 완화한 방법으로 의결권을 행사할 수 있도록 제1호 또는 제1호의2와 달리 정하고 있는 경우에는 그에 따른 방법 ② 법 제38조제2항에 따른 전자적 방법(이하 "전자투표"라 한다)으로 의결권을 행사할 수 있도록 하는 경	

	우에는 관리단집회의 소집통지에 다음 각 호의 사항을 구체적으로 밝혀야 한다.〈개정 2023. 9. 26.〉 1. 전자투표를 할 인터넷 주소 2. 전자투표를 할 기간 3. 그 밖에 전자투표에 필요한 기술적인 사항 ③ 전자투표는 규약 또는 관리단집회의 결의로 달리 정한 바가 없으면 관리단집회일 전날까지 하여야 한다. ④ 관리단은 전자투표를 관리하는 기관을 지정하여 본인 확인 등 의결권 행사 절차의 운영을 위탁할 수 있다.	
제14조(일부공용부분의 관리) 일부공용부분의 관리에 관한 사항 중 구분소유자 전원에게 이해관계가 있는 사항과 제29조제2항의 규약으로써 정한 사항은 구분소유자 전원의 집회결의로써 결정하고, 그 밖의 사항은 그것을 공용하는 구분소유자만의 집회결의로써 결정한다.	제14조(서면에 의한 의결권 행사) ① 관리단집회의 소집통지를 할 때에는 서면에 의하여 의결권을 행사하는데 필요한 자료를 첨부하여야 한다. ② 서면에 의한 의결권 행사는 규약 또는 관리단집회의 결의로 달리 정한 바가 없으면 관리단집회의 결의 전까지 할 수 있다.	
제15조(공용부분의 변경) ① 공용부분의 변경에 관한 사항은 관리단집회에서 구분소유자의 3분의 2 이상 및 의결권의 3분의 2 이상의 결의로써 결정한다. 다만, 다음 각 호의 어느 하나에 해당하는 경우에는 제38조제1항에 따른 통상의 집회결의로써 결정할 수 있다.〈개정 2020. 2. 4.〉 1. 공용부분의 개량을 위한 것으로서 지나치게 많은	제15조(대리인에 의한 의결권 행사) ① 대리인은 의결권을 행사하기 전에 의장에게 대리권을 증명하는 서면을 제출하여야 한다. ② 대리인 1인이 수인의 구분소유자를 대리하는 경우에는 구분소유자의 과반수 또는 의결권의 과반수 이상을 대리할 수 없다.	

비용이 드는 것이 아닐 경우 2. 「관광진흥법」 제3조제1항제2호나목에 따른 휴양 콘도미니엄업의 운영을 위한 휴양 콘도미니엄의 공용부분 변경에 관한 사항인 경우 ② 제1항의 경우에 공용부분의 변경이 다른 구분소유자의 권리에 특별한 영향을 미칠 때에는 그 구분소유자의 승낙을 받아야 한다. [전문개정 2010. 3. 31.]		
제15조의2(권리변동 있는 공용부분의 변경) ① 제15조에도 불구하고 건물의 노후화 억제 또는 기능 향상 등을 위한 것으로 구분소유권 및 대지사용권의 범위나 내용에 변동을 일으키는 공용부분의 변경에 관한 사항은 관리단집회에서 구분소유자의 5분의 4 이상 및 의결권의 5분의 4 이상의 결의로써 결정한다. 다만, 「관광진흥법」 제3조제1항제2호나목에 따른 휴양 콘도미니엄업의 운영을 위한 휴양 콘도미니엄의 권리변동 있는 공용부분 변경에 관한 사항은 구분소유자의 3분의 2 이상 및 의결권의 3분의 2 이상의 결의로써 결정한다.〈개정 2023. 3. 28.〉 ② 제1항의 결의에서는 다음 각 호의 사항을 정하여야 한다. 이 경우 제3호부터 제7호까지의 사항은 각 구분소유자 사이에 형평이 유지되도록 정하여야 한다.		

1. 설계의 개요 2. 예상 공사 기간 및 예상 비용(특별한 손실에 대한 전보 비용을 포함한다) 3. 제2호에 따른 비용의 분담 방법 4. 변경된 부분의 용도 5. 전유부분 수의 증감이 발생하는 경우에는 변경된 부분의 귀속에 관한 사항 6. 전유부분이나 공용부분의 면적에 증감이 발생하는 경우에는 변경된 부분의 귀속에 관한 사항 7. 대지사용권의 변경에 관한 사항 8. 그 밖에 규약으로 정한 사항 ③ 제1항의 결의를 위한 관리단집회의 의사록에는 결의에 대한 각 구분소유자의 찬반 의사를 적어야 한다. ④ 제1항의 결의가 있는 경우에는 제48조 및 제49조를 준용한다. [본조신설 2020. 2. 4.]		
제16조(공용부분의 관리) ① 공용부분의 관리에 관한 사항은 제15조제1항 본문 및 제15조의2의 경우를 제외하고는 제38조제1항에 따른 통상의 집회결의로써 결정한다. 다만, 보존행위는 각 공유자가 할 수 있다.〈개정 2020. 2. 4.〉 ② 구분소유자의 승낙을 받아 전유부분을 점유하는	제16조(집합건물분쟁조정위원회의 심의·조정사항) 법 제52조의2제2항제7호에서 "대통령령으로 정한 분쟁"이란 다음 각 호의 분쟁을 말한다. 1. 건물의 대지와 부속시설의 보존·관리 또는 변경에 관한 분쟁 2. 규약에서 정한 전유부분의 사용방법에 관한 분쟁	

자는 제1항 본문에 따른 집회에 참석하여 그 구분소유자의 의결권을 행사할 수 있다. 다만, 구분소유자와 점유자가 달리 정하여 관리단에 통지한 경우에는 그러하지 아니하며, 구분소유자의 권리·의무에 특별한 영향을 미치는 사항을 결정하기 위한 집회인 경우에는 점유자는 사전에 구분소유자에게 의결권 행사에 대한 동의를 받아야 한다.〈신설 2012. 12. 18.〉 ③ 제1항 및 제2항에 규정된 사항은 규약으로써 달리 정할 수 있다.〈개정 2012. 12. 18.〉 ④ 제1항 본문의 경우에는 제15조제2항을 준용한다.〈개정 2012. 12. 18.〉 [전문개정 2010. 3. 31.]	3. 관리비 외에 관리단이 얻은 수입의 징수·관리 및 사용에 관한 분쟁 4. 관리위탁계약 등 관리단이 체결한 계약에 관한 분쟁 5. 그 밖에 법 제52조의2제1항에 따른 집합건물분쟁조정위원회(이하 "조정위원회"라 한다)가 분쟁의 조정이 필요하다고 인정하는 분쟁	
제17조(공용부분의 부담·수익) 각 공유자는 규약에 달리 정한 바가 없으면 그 지분의 비율에 따라 공용부분의 관리비용과 그 밖의 의무를 부담하며 공용부분에서 생기는 이익을 취득한다.	제17조(조정위원회의 구성) ① 조정위원회의 부위원장은 해당 시·도지사가 조정위원회의 위원장(이하 "위원장"이라 한다)의 추천을 받아 위원 중에서 임명하거나 위촉한다. ② 조정위원회 위원의 임기는 2년으로 한다. ③ 제1항 및 제2항에서 규정한 사항 외에 조정위원회의 구성에 필요한 사항은 조정위원회의 의결을 거쳐 위원장이 정한다.	
제17조의2(수선적립금) ① 제23조에 따른 관리단(이하 "관리단"이라 한다)은 규약에 달리 정한 바가 없으면 관		

리단집회 결의에 따라 건물이나 대지 또는 부속시설의 교체 및 보수에 관한 수선계획을 수립할 수 있다. ② 관리단은 규약에 달리 정한 바가 없으면 관리단 집회의 결의에 따라 수선적립금을 징수하여 적립할 수 있다. 다만, 다른 법률에 따라 장기수선을 위한 계획이 수립되어 충당금 또는 적립금이 징수·적립된 경우에는 그러하지 아니하다. ③ 제2항에 따른 수선적립금(이하 이 조에서 “수선적립금”이라 한다)은 구분소유자로부터 징수하며 관리단에 귀속된다. ④ 관리단은 규약에 달리 정한 바가 없으면 수선적립금을 다음 각 호의 용도로 사용하여야 한다. 1. 제1항의 수선계획에 따른 공사 2. 자연재해 등 예상하지 못한 사유로 인한 수선공사 3. 제1호 및 제2호의 용도로 사용한 금원의 변제 ⑤ 제1항에 따른 수선계획의 수립 및 수선적립금의 징수·적립에 필요한 사항은 대통령령으로 정한다. [본조신설 2020. 2. 4.]		
제18조(공용부분에 관하여 발생한 채권의 효력) 공유자가 공용부분에 관하여 다른 공유자에 대하여 가지는 채권은 그 특별승계인에 대하여도 행사할 수 있다.	제18조(조정위원회의 운영) ① 위원장은 회의를 소집하고 주재한다. ② 위원장이 부득이한 사유로 직무를 수행할 수 없는 경우에는 부위원장이 직무를 대행하고, 조정위원회의	

	부위원장도 직무를 대행할 수 없는 경우에는 위원 중 연장자가 직무를 대행한다. ③ 위원장이 회의를 소집하려면 회의 개최 3일 전까지 회의의 일시·장소 및 안건을 각 위원에게 알려야 한다. ④ 위원 전원이 동의하면 제3항의 소집절차를 거치지 아니하고 조정위원회를 소집할 수 있다. ⑤ 법 제52조의10에 따른 비용을 제외한 조정 비용에 관하여 필요한 사항은 특별시·광역시·특별자치시·도 및 특별자치도의 조례로 정한다.〈개정 2021. 2. 2.〉 ⑥ 제1항부터 제5항까지에서 규정한 사항 외에 조정위원회의 운영에 필요한 사항은 조정위원회의 의결을 거쳐 위원장이 정한다.	
제19조(공용부분에 관한 규정의 준용) 건물의 대지 또는 공용부분 외의 부속시설(이들에 대한 권리를 포함한다)을 구분소유자가 공유하는 경우에는 그 대지 및 부속시설에 관하여 제15조, 제15조의2, 제16조 및 제17조를 준용한다.	제19조(소위원회의 운영 등) ① 법 제52조의3제4항에 따른 소위원회(이하 "소위원회"라 한다)는 조정위원회의 의결로 위임한 분쟁을 심의·조정한다. ② 소위원회에 위원장 1명을 두며, 위원장은 해당 시·도지사가 위원장의 추천을 받아 소위원회 위원 중에서 임명하거나 위촉한다. ③ 제1항 및 제2항에서 규정한 사항 외에 소위원회의 구성 및 운영에 필요한 사항은 조정위원회의 의결을 거쳐 위원장이 정한다.	
	제20조(조정절차) ① 조정위원회는 조정을 효율적으로	

제3절 대지사용권 제20조(전유부분과 대지사용권의 일체성) ① 구분소유자의 대지사용권은 그가 가지는 전유부분의 처분에 따른다. ② 구분소유자는 그가 가지는 전유부분과 분리하여 대지사용권을 처분할 수 없다. 다만, 규약으로써 달리 정한 경우에는 그러하지 아니하다. ③ 제2항 본문의 분리처분금지는 그 취지를 등기하지 아니하면 선의(善意)로 물권을 취득한 제3자에게 대항하지 못한다. ④ 제2항 단서의 경우에는 제3조제3항을 준용한다. [전문개정 2010. 3. 31.]	하기 위하여 필요하다고 인정하면 사건들을 분리하거나 병합할 수 있다. ② 조정위원회는 제1항에 따라 사건들을 분리하거나 병합한 경우에는 당사자에게 지체 없이 서면으로 통보하여야 한다. ③ 조정위원회는 조정을 위하여 필요하다고 인정하면 당사자에게 증거서류 등 관련 자료의 제출을 요청하거나 당사자 또는 참고인에게 출석을 요청할 수 있다. ④ 제1항부터 제3항까지에서 규정한 사항 외에 조정절차에 필요한 사항은 조정위원회의 의결을 거쳐 위원장이 정한다.	
제21조(전유부분의 처분에 따르는 대지사용권의 비율) ① 구분소유자가 둘 이상의 전유부분을 소유한 경우에는 각 전유부분의 처분에 따르는 대지사용권은 제12조에 규정된 비율에 따른다. 다만, 규약으로써 달리 정할 수 있다. ② 제1항 단서의 경우에는 제3조제3항을 준용한다. [전문개정 2010. 3. 31.]	제21조(하자의 진단 및 감정 기관) 법 제52조의10제1항에서 “대통령령으로 정하는 안전진단기관, 하자감정전문기관 등”이란 다음 각 호의 기관을 말한다. 다만, 하자감정전문기관은 제1호부터 제4호까지의 기관만 해당한다. 1. 「고등교육법」 제2조제1호 및 제2호에 따른 대학 및 산업대학의 주택 관련 부설 연구기관(상설기관에 한정한다) 2. 「과학기술분야 정부출연연구기관 등의 설립ㆍ운영 및 육성에 관한 법률」 별표 제9호에 따른 한국건설기술연구원 3. 국립 또는 공립의 주택 관련 시험ㆍ검사기관	

	4. 「국토안전관리원법」에 따른 국토안전관리원 5. 「건축사법」 제23조제1항에 따라 신고한 건축사 6. 「기술사법」 제6조제1항에 따라 등록한 기술사 7. 「시설물의 안전 및 유지관리에 관한 특별법」 제28조에 따라 등록한 건축 분야 안전진단전문기관 8. 「엔지니어링산업 진흥법」 제21조에 따라 신고한 해당 분야의 엔지니어링사업자	
제22조(「민법」 제267조의 적용 배제) 제20조제2항 본문의 경우 대지사용권에 대하여는 「민법」 제267조(같은 법 제278조에서 준용하는 경우를 포함한다)를 적용하지 아니한다.	제22조(하자진단 등의 비용 부담) 법 제52조의10제1항 및 제2항에 따른 비용은 당사자 간의 합의로 정하는 비율에 따라 당사자가 미리 내야 한다. 다만, 당사자 간에 비용 부담에 대하여 합의가 되지 아니하면 조정위원회에서 부담 비율을 정한다.	
제4절 관리단 및 관리단의 기관 〈개정 2012.12.18〉 제23조(관리단의 당연 설립 등) ① 건물에 대하여 구분소유 관계가 성립되면 구분소유자 전원을 구성원으로 하여 건물과 그 대지 및 부속시설의 관리에 관한 사업의 시행을 목적으로 하는 관리단이 설립된다. ② 일부공용부분이 있는 경우 그 일부의 구분소유자는 제28조제2항의 규약에 따라 그 공용부분의 관리에 관한 사업의 시행을 목적으로 하는 관리단을 구성할 수	제23조(과태료의 부과) 법 제66조제1항부터 제3항까지의 규정에 따른 과태료의 부과기준은 별표와 같다.	

있다. [전문개정 2010. 3. 31.]		
제23조의2(관리단의 의무) 관리단은 건물의 관리 및 사용에 관한 공동이익을 위하여 필요한 구분소유자의 권리와 의무를 선량한 관리자의 주의로 행사하거나 이행하여야 한다.		
제24조(관리인의 선임 등) ① 구분소유자가 10인 이상일 때에는 관리단을 대표하고 관리단의 사무를 집행할 관리인을 선임하여야 한다.〈개정 2012. 12. 18.〉 ② 관리인은 구분소유자일 필요가 없으며, 그 임기는 2년의 범위에서 규약으로 정한다.〈신설 2012. 12. 18.〉 ③ 관리인은 관리단집회의 결의로 선임되거나 해임된다. 다만, 규약으로 제26조의3에 따른 관리위원회의 결의로 선임되거나 해임되도록 정한 경우에는 그에 따른다.〈개정 2012. 12. 18., 2020. 2. 4.〉 ④ 구분소유자의 승낙을 받아 전유부분을 점유하는 자는 제3항 본문에 따른 관리단집회에 참석하여 그 구분소유자의 의결권을 행사할 수 있다. 다만, 구분소유자와 점유자가 달리 정하여 관리단에 통지하거나 구분소유자가 집회 이전에 직접 의결권을 행사할 것을 관리단에 통지한 경우에는 그러하지 아니하다.〈신설 2012. 12. 18.〉 ⑤ 관리인에게 부정한 행위나 그 밖에 그 직무를 수		

행하기에 적합하지 아니한 사정이 있을 때에는 각 구분소유자는 관리인의 해임을 법원에 청구할 수 있다.〈개정 2012. 12. 18.〉 ⑥ 전유부분이 50개 이상인 건물(「공동주택관리법」에 따른 의무관리대상 공동주택 및 임대주택과 「유통산업발전법」에 따라 신고한 대규모점포등관리자가 있는 대규모점포 및 준대규모점포는 제외한다)의 관리인으로 선임된 자는 대통령령으로 정하는 바에 따라 선임된 사실을 특별자치시장, 특별자치도지사, 시장, 군수 또는 자치구의 구청장(이하 "소관청"이라 한다)에게 신고하여야 한다. 〈신설 2020. 2. 4.〉 [전문개정 2010. 3. 31.]		
제24조의2(임시관리인의 선임 등) ① 구분소유자, 그의 승낙을 받아 전유부분을 점유하는 자, 분양자 등 이해관계인은 제24조제3항에 따라 선임된 관리인이 없는 경우에는 법원에 임시관리인의 선임을 청구할 수 있다. ② 임시관리인은 선임된 날부터 6개월 이내에 제24조제3항에 따른 관리인 선임을 위하여 관리단집회 또는 관리위원회를 소집하여야 한다. ③ 임시관리인의 임기는 선임된 날부터 제24조제3항에 따라 관리인이 선임될 때까지로 하되, 같은 조 제2항에 따라 규약으로 정한 임기를 초과할 수 없다.		

[본조신설 2020. 2. 4.]		
제25조(관리인의 권한과 의무) ① 관리인은 다음 각 호의 행위를 할 권한과 의무를 가진다.〈개정 2020. 2. 4.〉 1. 공용부분의 보존행위 1의2. 공용부분의 관리 및 변경에 관한 관리단집회 결의를 집행하는 행위 2. 공용부분의 관리비용 등 관리단의 사무 집행을 위한 비용과 분담금을 각 구분소유자에게 청구·수령하는 행위 및 그 금원을 관리하는 행위 3. 관리단의 사업 시행과 관련하여 관리단을 대표하여 하는 재판상 또는 재판 외의 행위 3의2. 소음·진동·악취 등을 유발하여 공동생활의 평온을 해치는 행위의 중지 요청 또는 분쟁 조정절차 권고 등 필요한 조치를 하는 행위 4. 그 밖에 규약에 정하여진 행위 ② 관리인의 대표권은 제한할 수 있다. 다만, 이로써 선의의 제3자에게 대항할 수 없다. [전문개정 2010. 3. 31.]		
제26조(관리인의 보고의무 등) ① 관리인은 대통령령으로 정하는 바에 따라 매년 1회 이상 구분소유자 및 그의 승낙을 받아 전유부분을 점유하는 자에게 그 사무에 관한 보고를 하여야 한다.〈개정 2012. 12. 18., 2023.		

3. 28.〉

② 전유부분이 50개 이상인 건물의 관리인은 관리단의 사무 집행을 위한 비용과 분담금 등 금원의 징수·보관·사용·관리 등 모든 거래행위에 관하여 장부를 월별로 작성하여 그 증빙서류와 함께 해당 회계연도 종료일부터 5년간 보관하여야 한다.〈신설 2023. 3. 28.〉

③ 이해관계인은 관리인에게 제1항에 따른 보고 자료, 제2항에 따른 장부나 증빙서류의 열람을 청구하거나 자기 비용으로 등본의 교부를 청구할 수 있다. 이 경우 관리인은 다음 각 호의 정보를 제외하고 이에 응하여야 한다.〈개정 2023. 3. 28.〉

1. 「개인정보 보호법」 제24조에 따른 고유식별정보 등 개인의 사생활의 비밀 또는 자유를 침해할 우려가 있는 정보

2. 의사결정 과정 또는 내부검토 과정에 있는 사항 등으로서 공개될 경우 업무의 공정한 수행에 현저한 지장을 초래할 우려가 있는 정보

④ 「공동주택관리법」에 따른 의무관리대상 공동주택 및 임대주택과 「유통산업발전법」에 따라 신고한 대규모점포등관리자가 있는 대규모점포 및 준대규모점포에 대해서는 제1항부터 제3항까지를 적용하지 아니한다.〈신설 2023. 3. 28.〉

⑤ 이 법 또는 규약에서 규정하지 아니한 관리인의 권리의무에 관하여는 「민법」의 위임에 관한 규정을 준용한다.〈개정 2012. 12. 18., 2023. 3. 28.〉 [전문개정 2010. 3. 31.]		
제26조의2(회계감사) ① 전유부분이 150개 이상으로서 대통령령으로 정하는 건물의 관리인은 「주식회사 등의 외부감사에 관한 법률」 제2조제7호에 따른 감사인(이하 이 조에서 “감사인”이라 한다)의 회계감사를 매년 1회 이상 받아야 한다. 다만, 관리단집회에서 구분소유자의 3분의 2 이상 및 의결권의 3분의 2 이상이 회계감사를 받지 아니하기로 결의한 연도에는 그러하지 아니하다. ② 구분소유자의 승낙을 받아 전유부분을 점유하는 자는 제1항 단서에 따른 관리단집회에 참석하여 그 구분소유자의 의결권을 행사할 수 있다. 다만, 구분소유자와 점유자가 달리 정하여 관리단에 통지하거나 구분소유자가 집회 이전에 직접 의결권을 행사할 것을 관리단에 통지한 경우에는 그러하지 아니하다. ③ 전유부분이 50개 이상 150개 미만으로서 대통령령으로 정하는 건물의 관리인은 구분소유자의 5분의 1 이상이 연서(連署)하여 요구하는 경우에는 감사인의 회계감사를 받아야 한다. 이 경우 구분소유자의 승낙을 받아 전유부분을 점유하는 자가 구분소유자를 대신하여 연		

서할 수 있다. ④ 관리인은 제1항 또는 제3항에 따라 회계감사를 받은 경우에는 대통령령으로 정하는 바에 따라 감사보고서 등 회계감사의 결과를 구분소유자 및 그의 승낙을 받아 전유부분을 점유하는 자에게 보고하여야 한다. ⑤ 제1항 또는 제3항에 따른 회계감사의 기준·방법 및 감사인의 선정방법 등에 관하여 필요한 사항은 대통령령으로 정한다. ⑥ 제1항 또는 제3항에 따라 회계감사를 받는 관리인은 다음 각 호의 어느 하나에 해당하는 행위를 하여서는 아니 된다. 1. 정당한 사유 없이 감사인의 자료열람·등사·제출 요구 또는 조사를 거부·방해·기피하는 행위 2. 감사인에게 거짓 자료를 제출하는 등 부정한 방법으로 회계감사를 방해하는 행위 ⑦ 「공동주택관리법」에 따른 의무관리대상 공동주택 및 임대주택과 「유통산업발전법」에 따라 신고한 대규모점포등관리자가 있는 대규모점포 및 준대규모점포에는 제1항부터 제6항까지의 규정을 적용하지 아니한다. [본조신설 2020. 2. 4.] [종전 제26조의2는 제26조의3으로 이동 〈2020. 2. 4.〉]		
제26조의3(관리위원회의 설치 및 기능) ① 관리단에는		

규약으로 정하는 바에 따라 관리위원회를 둘 수 있다. ② 관리위원회는 이 법 또는 규약으로 정한 관리인의 사무 집행을 감독한다. ③ 제1항에 따라 관리위원회를 둔 경우 관리인은 제25조제1항 각 호의 행위를 하려면 관리위원회의 결의를 거쳐야 한다. 다만, 규약으로 달리 정한 사항은 그러하지 아니하다. [본조신설 2012. 12. 18.] [제26조의2에서 이동, 종전 제26조의3은 제26조의4로 이동 〈2020. 2. 4.〉]		
제26조의4(관리위원회의 구성 및 운영) ① 관리위원회의 위원은 구분소유자 중에서 관리단집회의 결의에 의하여 선출한다. 다만, 규약으로 관리단집회의 결의에 관하여 달리 정한 경우에는 그에 따른다. ② 관리인은 규약에 달리 정한 바가 없으면 관리위원회의 위원이 될 수 없다.〈개정 2020. 2. 4.〉 ③ 관리위원회 위원의 임기는 2년의 범위에서 규약으로 정한다.〈신설 2020. 2. 4.〉 ④ 제1항부터 제3항까지에서 규정한 사항 외에 관리위원회의 구성 및 운영에 필요한 사항은 대통령령으로 정한다.〈개정 2020. 2. 4.〉 ⑤ 구분소유자의 승낙을 받아 전유부분을 점유하는		

자는 제1항 본문에 따른 관리단집회에 참석하여 그 구분소유자의 의결권을 행사할 수 있다. 다만, 구분소유자와 점유자가 달리 정하여 관리단에 통지하거나 구분소유자가 집회 이전에 직접 의결권을 행사할 것을 관리단에 통지한 경우에는 그러하지 아니하다.〈신설 2020. 2. 4.〉 [본조신설 2012. 12. 18.] [제26조의3에서 이동 〈2020. 2. 4.〉]		
제26조의5(집합건물의 관리에 관한 감독) ① 특별시장·광역시장·특별자치시장·도지사·특별자치도지사(이하 "시·도지사"라 한다) 또는 시장·군수·구청장(자치구의 구청장을 말하며, 이하 "시장·군수·구청장"이라 한다)은 집합건물의 효율적인 관리와 주민의 복리증진을 위하여 필요하다고 인정하는 경우에는 전유부분이 50개 이상인 건물의 관리인에게 다음 각 호의 사항을 보고하게 하거나 관련 자료의 제출을 명할 수 있다. 1. 제17조의2제2항에 따른 수선적립금의 징수·적립·사용 등에 관한 사항 2. 제24조에 따른 관리인의 선임·해임에 관한 사항 3. 제26조제1항에 따른 보고와 같은 조 제2항에 따른 장부의 작성·보관 및 증빙서류의 보관에 관한 사항 4. 제26조의2제1항 또는 제3항에 따른 회계감사에 관한 사항		

5. 제32조에 따른 정기 관리단집회의 소집에 관한 사항 6. 그 밖에 집합건물의 관리에 관한 감독을 위하여 필요한 사항으로서 대통령령으로 정하는 사항 ② 제1항에 따른 명령의 절차 등 필요한 사항은 해당 지방자치단체의 조례로 정한다. [본조신설 2023. 3. 28.]		
제27조(관리단의 채무에 대한 구분소유자의 책임) ① 관리단이 그의 재산으로 채무를 전부 변제할 수 없는 경우에는 구분소유자는 제12조의 지분비율에 따라 관리단의 채무를 변제할 책임을 진다. 다만, 규약으로써 그 부담비율을 달리 정할 수 있다. ② 구분소유자의 특별승계인은 승계 전에 발생한 관리단의 채무에 관하여도 책임을 진다. [전문개정 2010. 3. 31.]		
제5절 규약 및 집회 제28조(규약) ① 건물과 대지 또는 부속시설의 관리 또는 사용에 관한 구분소유자들 사이의 사항 중 이 법에서 규정하지 아니한 사항은 규약으로써 정할 수 있다. ② 일부공용부분에 관한 사항으로써 구분소유자 전원에게 이해관계가 있지 아니한 사항은 구분소유자 전원의 규약에 따로 정하지 아니하면 일부공용부분을 공용하는		

구분소유자의 규약으로써 정할 수 있다.

③ 제1항과 제2항의 경우에 구분소유자 외의 자의 권리를 침해하지 못한다.

④ 법무부장관은 이 법을 적용받는 건물과 대지 및 부속시설의 효율적이고 공정한 관리를 위하여 표준규약을 마련하여야 한다.〈신설 2012. 12. 18., 2023. 3. 28.〉

⑤ 시·도지사는 제4항에 따른 표준규약을 참고하여 대통령령으로 정하는 바에 따라 지역별 표준규약을 마련하여 보급하여야 한다.〈신설 2023. 3. 28.〉

[전문개정 2010. 3. 31.]

제29조(규약의 설정·변경·폐지) ① 규약의 설정·변경 및 폐지는 관리단집회에서 구분소유자의 4분의 3 이상 및 의결권의 4분의 3 이상의 찬성을 얻어서 한다. 이 경우 규약의 설정·변경 및 폐지가 일부 구분소유자의 권리에 특별한 영향을 미칠 때에는 그 구분소유자의 승낙을 받아야 한다.

② 제28조제2항에 규정한 사항에 관한 구분소유자 전원의 규약의 설정·변경 또는 폐지는 그 일부공용부분을 공용하는 구분소유자의 4분의 1을 초과하는 자 또는 의결권의 4분의 1을 초과하는 의결권을 가진 자가 반대할 때에는 할 수 없다.

[전문개정 2010. 3. 31.]

제30조(규약의 보관 및 열람) ① 규약은 관리인 또는 구분소유자나 그 대리인으로서 건물을 사용하고 있는 자 중 1인이 보관하여야 한다. ② 제1항에 따라 규약을 보관할 구분소유자나 그 대리인은 규약에 다른 규정이 없으면 관리단집회의 결의로써 정한다. ③ 이해관계인은 제1항에 따라 규약을 보관하는 자에게 규약의 열람을 청구하거나 자기 비용으로 등본의 발급을 청구할 수 있다. [전문개정 2010. 3. 31.]		
제31조(집회의 권한) 관리단의 사무는 이 법 또는 규약으로 관리인에게 위임한 사항 외에는 관리단집회의 결의에 따라 수행한다.		
제32조(정기 관리단집회) 관리인은 매년 회계연도 종료 후 3개월 이내에 정기 관리단집회를 소집하여야 한다.		
제33조(임시 관리단집회) ① 관리인은 필요하다고 인정할 때에는 관리단집회를 소집할 수 있다. ② 구분소유자의 5분의 1 이상이 회의의 목적 사항을 구체적으로 밝혀 관리단집회의 소집을 청구하면 관리인은 관리단집회를 소집하여야 한다. 이 정수(定數)는 규약으로 감경할 수 있다.〈개정 2012. 12. 18.〉 ③ 제2항의 청구가 있은 후 1주일 내에 관리인이 청		

구일부터 2주일 이내의 날을 관리단집회일로 하는 소집 통지 절차를 밟지 아니하면 소집을 청구한 구분소유자는 법원의 허가를 받아 관리단집회를 소집할 수 있다.〈개정 2012. 12. 18.〉 ④ 관리인이 없는 경우에는 구분소유자의 5분의 1 이상은 관리단집회를 소집할 수 있다. 이 정수는 규약으로 감경할 수 있다.〈개정 2012. 12. 18.〉 [전문개정 2010. 3. 31.]		
제34조(집회소집통지) ① 관리단집회를 소집하려면 관리단집회일 1주일 전에 회의의 목적사항을 구체적으로 밝혀 각 구분소유자에게 통지하여야 한다. 다만, 이 기간은 규약으로 달리 정할 수 있다. ② 전유부분을 여럿이 공유하는 경우에 제1항의 통지는 제37조제2항에 따라 정하여진 의결권을 행사할 자(그가 없을 때에는 공유자 중 1인)에게 통지하여야 한다. ③ 제1항의 통지는 구분소유자가 관리인에게 따로 통지장소를 제출하였으면 그 장소로 발송하고, 제출하지 아니하였으면 구분소유자가 소유하는 전유부분이 있는 장소로 발송한다. 이 경우 제1항의 통지는 통상적으로 도달할 시기에 도달한 것으로 본다. ④ 건물 내에 주소를 가지는 구분소유자 또는 제3항의 통지장소를 제출하지 아니한 구분소유자에 대한 제1		

항의 통지는 건물 내의 적당한 장소에 게시함으로써 소집통지를 갈음할 수 있음을 규약으로 정할 수 있다. 이 경우 제1항의 통지는 게시한 때에 도달한 것으로 본다. ⑤ 회의의 목적사항이 제15조제1항, 제29조제1항, 제47조제1항 및 제50조제4항인 경우에는 그 통지에 그 의안 및 계획의 내용을 적어야 한다. [전문개정 2010. 3. 31.]		
제35조(소집절차의 생략) 관리단집회는 구분소유자 전원이 동의하면 소집절차를 거치지 아니하고 소집할 수 있다.		
제36조(결의사항) ① 관리단집회는 제34조에 따라 통지한 사항에 관하여만 결의할 수 있다. ② 제1항의 규정은 이 법에 관리단집회의 결의에 관하여 특별한 정수가 규정된 사항을 제외하고는 규약으로 달리 정할 수 있다. ③ 제1항과 제2항은 제35조에 따른 관리단집회에 관하여는 적용하지 아니한다. [전문개정 2010. 3. 31.]		
제37조(의결권) ① 각 구분소유자의 의결권은 규약에 특별한 규정이 없으면 제12조에 규정된 지분비율에 따른다. ② 전유부분을 여럿이 공유하는 경우에는 공유자는 관리단집회에서 의결권을 행사할 1인을 정한다.		

③ 구분소유자의 승낙을 받아 동일한 전유부분을 점유하는 자가 여럿인 경우에는 제16조제2항, 제24조제4항, 제26조의2제2항 또는 제26조의4제5항에 따라 해당 구분소유자의 의결권을 행사할 1인을 정하여야 한다.〈신설 2012. 12. 18., 2020. 2. 4.〉 [전문개정 2010. 3. 31.]		
제38조(의결 방법) ① 관리단집회의 의사는 이 법 또는 규약에 특별한 규정이 없으면 구분소유자의 과반수 및 의결권의 과반수로써 의결한다. ② 의결권은 서면이나 전자적 방법(전자정보처리조직을 사용하거나 그 밖에 정보통신기술을 이용하는 방법으로서 대통령령으로 정하는 방법을 말한다. 이하 같다)으로 또는 대리인을 통하여 행사할 수 있다.〈개정 2012. 12. 18.〉 ③ 제34조에 따른 관리단집회의 소집통지나 소집통지를 갈음하는 게시를 할 때에는 제2항에 따라 의결권을 행사할 수 있다는 내용과 구체적인 의결권 행사 방법을 명확히 밝혀야 한다.〈신설 2012. 12. 18.〉 ④ 제1항부터 제3항까지에서 규정한 사항 외에 의결권 행사를 위하여 필요한 사항은 대통령령으로 정한다.〈신설 2012. 12. 18.〉 [전문개정 2010. 3. 31.]		

제39조(집회의 의장과 의사록) ① 관리단집회의 의장은 관리인 또는 집회를 소집한 구분소유자 중 연장자가 된다. 다만, 규약에 특별한 규정이 있거나 관리단집회에서 다른 결의를 한 경우에는 그러하지 아니하다. ② 관리단집회의 의사에 관하여는 의사록을 작성하여야 한다. ③ 의사록에는 의사의 경과와 그 결과를 적고 의장과 구분소유자 2인 이상이 서명날인하여야 한다. ④ 의사록에 관하여는 제30조를 준용한다. [전문개정 2010. 3. 31.]		
제40조(점유자의 의견진술권) ① 구분소유자의 승낙을 받아 전유부분을 점유하는 자는 집회의 목적사항에 관하여 이해관계가 있는 경우에는 집회에 출석하여 의견을 진술할 수 있다. ② 제1항의 경우 집회를 소집하는 자는 제34조에 따라 소집통지를 한 후 지체 없이 집회의 일시, 장소 및 목적사항을 건물 내의 적당한 장소에 게시하여야 한다. [전문개정 2010. 3. 31.]		
제41조(서면 또는 전자적 방법에 의한 결의 등) ① 이 법 또는 규약에 따라 관리단집회에서 결의할 것으로 정한 사항에 관하여 구분소유자의 4분의 3 이상 및 의결권의 4분의 3 이상이 서면이나 전자적 방법 또는 서면		

과 전자적 방법으로 합의하면 관리단집회를 소집하여 결의한 것으로 본다.〈개정 2012. 12. 18., 2023. 3. 28.〉

② 제1항에도 불구하고 다음 각 호의 경우에는 그 구분에 따른 의결정족수 요건을 갖추어 서면이나 전자적 방법 또는 서면과 전자적 방법으로 합의하면 관리단집회를 소집하여 결의한 것으로 본다.〈신설 2023. 3. 28.〉

1. 제15조제1항제2호의 경우: 구분소유자의 과반수 및 의결권의 과반수

2. 제15조의2제1항 본문, 제47조제2항 본문 및 제50조제4항의 경우: 구분소유자의 5분의 4 이상 및 의결권의 5분의 4 이상

3. 제15조의2제1항 단서 및 제47조제2항 단서의 경우: 구분소유자의 3분의 2 이상 및 의결권의 3분의 2 이상

③ 구분소유자들은 미리 그들 중 1인을 대리인으로 정하여 관리단에 신고한 경우에는 그 대리인은 그 구분소유자들을 대리하여 관리단집회에 참석하거나 서면 또는 전자적 방법으로 의결권을 행사할 수 있다.〈개정 2012. 12. 18., 2023. 3. 28.〉

④ 제1항 및 제2항의 서면 또는 전자적 방법으로 기록된 정보에 관하여는 제30조를 준용한다.〈개정 2012. 12. 18., 2023. 3. 28.〉

[전문개정 2010. 3. 31.] [제목개정 2012. 12. 18.]		
제42조(규약 및 집회의 결의의 효력) ① 규약 및 관리단집회의 결의는 구분소유자의 특별승계인에 대하여도 효력이 있다. ② 점유자는 구분소유자가 건물이나 대지 또는 부속시설의 사용과 관련하여 규약 또는 관리단집회의 결의에 따라 부담하는 의무와 동일한 의무를 진다. [전문개정 2010. 3. 31.]		
제42조의2(결의취소의 소) 구분소유자는 다음 각 호의 어느 하나에 해당하는 경우에는 집회 결의 사실을 안 날부터 6개월 이내에, 결의한 날부터 1년 이내에 결의 취소의 소를 제기할 수 있다. 1. 집회의 소집 절차나 결의 방법이 법령 또는 규약에 위반되거나 현저하게 불공정한 경우 2. 결의 내용이 법령 또는 규약에 위배되는 경우 [본조신설 2012. 12. 18.]		
제6절 의무위반자에 대한 조치 제43조(공동의 이익에 어긋나는 행위의 정지청구 등) ① 구분소유자가 제5조제1항의 행위를 한 경우 또는 그 행위를 할 우려가 있는 경우에는 관리인 또는 관리단집회		

의 결의로 지정된 구분소유자는 구분소유자 공동의 이익을 위하여 그 행위를 정지하거나 그 행위의 결과를 제거하거나 그 행위의 예방에 필요한 조치를 할 것을 청구할 수 있다. ② 제1항에 따른 소송의 제기는 관리단집회의 결의가 있어야 한다. ③ 점유자가 제5조제4항에서 준용하는 같은 조 제1항에 규정된 행위를 한 경우 또는 그 행위를 할 우려가 있는 경우에도 제1항과 제2항을 준용한다. [전문개정 2010. 3. 31.]		
제44조(사용금지의 청구) ① 제43조제1항의 경우에 제5조제1항에 규정된 행위로 구분소유자의 공동생활상의 장해가 현저하여 제43조제1항에 규정된 청구로는 그 장해를 제거하여 공용부분의 이용 확보나 구분소유자의 공동생활 유지를 도모함이 매우 곤란할 때에는 관리인 또는 관리단집회의 결의로 지정된 구분소유자는 소(訴)로써 적당한 기간 동안 해당 구분소유자의 전유부분 사용금지를 청구할 수 있다.<개정 2020. 2. 4.> ② 제1항의 청구는 구분소유자의 4분의 3 이상 및 의결권의 4분의 3 이상의 관리단집회 결의가 있어야 한다.<개정 2020. 2. 4.> ③ 제1항의 결의를 할 때에는 미리 해당 구분소유자		

에게 변명할 기회를 주어야 한다. [전문개정 2010. 3. 31.]		
제45조(구분소유권의 경매) ① 구분소유자가 제5조제1항 및 제2항을 위반하거나 규약에서 정한 의무를 현저히 위반한 결과 공동생활을 유지하기 매우 곤란하게 된 경우에는 관리인 또는 관리단집회의 결의로 지정된 구분소유자는 해당 구분소유자의 전유부분 및 대지사용권의 경매를 명할 것을 법원에 청구할 수 있다. ② 제1항의 청구는 구분소유자의 4분의 3 이상 및 의결권의 4분의 3 이상의 관리단집회 결의가 있어야 한다. ③ 제2항의 결의를 할 때에는 미리 해당 구분소유자에게 변명할 기회를 주어야 한다. ④ 제1항의 청구에 따라 경매를 명한 재판이 확정되었을 때에는 그 청구를 한 자는 경매를 신청할 수 있다. 다만, 그 재판확정일부터 6개월이 지나면 그러하지 아니하다. ⑤ 제1항의 해당 구분소유자는 제4항 본문의 신청에 의한 경매에서 경락인이 되지 못한다. [전문개정 2010. 3. 31.]		
제46조(전유부분의 점유자에 대한 인도청구) ① 점유자가 제45조제1항에 따른 의무위반을 한 결과 공동생활을 유지하기 매우 곤란하게 된 경우에는 관리인 또는 관리		

단집회의 결의로 지정된 구분소유자는 그 전유부분을 목적으로 하는 계약의 해제 및 그 전유부분의 인도를 청구할 수 있다.

② 제1항의 경우에는 제44조제2항 및 제3항을 준용한다.

③ 제1항에 따라 전유부분을 인도받은 자는 지체 없이 그 전유부분을 점유할 권원(權原)이 있는 자에게 인도하여야 한다.

[전문개정 2010. 3. 31.]

제7절 재건축 및 복구

제47조(재건축 결의) ① 건물 건축 후 상당한 기간이 지나 건물이 훼손되거나 일부 멸실되거나 그 밖의 사정으로 건물 가격에 비하여 지나치게 많은 수리비·복구비나 관리비용이 드는 경우 또는 부근 토지의 이용 상황의 변화나 그 밖의 사정으로 건물을 재건축하면 재건축에 드는 비용에 비하여 현저하게 효용이 증가하게 되는 경우에 관리단집회는 그 건물을 철거하여 그 대지를 구분소유권의 목적이 될 새 건물의 대지로 이용할 것을 결의할 수 있다. 다만, 재건축의 내용이 단지 내 다른 건물의 구분소유자에게 특별한 영향을 미칠 때에는 그 구분소유자의 승낙을 받아야 한다.

② 제1항의 결의는 구분소유자의 5분의 4 이상 및 의결권의 5분의 4 이상의 결의에 따른다. 다만, 「관광진흥법」 제3조제1항제2호나목에 따른 휴양 콘도미니엄업의 운영을 위한 휴양 콘도미니엄의 재건축 결의는 구분소유자의 3분의 2 이상 및 의결권의 3분의 2 이상의 결의에 따른다.〈개정 2023. 3. 28.〉 ③ 재건축을 결의할 때에는 다음 각 호의 사항을 정하여야 한다. 1. 새 건물의 설계 개요 2. 건물의 철거 및 새 건물의 건축에 드는 비용을 개략적으로 산정한 금액 3. 제2호에 규정된 비용의 분담에 관한 사항 4. 새 건물의 구분소유권 귀속에 관한 사항 ④ 제3항제3호 및 제4호의 사항은 각 구분소유자 사이에 형평이 유지되도록 정하여야 한다. ⑤ 제1항의 결의를 위한 관리단집회의 의사록에는 결의에 대한 각 구분소유자의 찬반 의사를 적어야 한다. [전문개정 2010. 3. 31.]		
제48조(구분소유권 등의 매도청구 등) ① 재건축의 결의가 있으면 집회를 소집한 자는 지체 없이 그 결의에 찬성하지 아니한 구분소유자(그의 승계인을 포함한다)에 대하여 그 결의 내용에 따른 재건축에 참가할 것인지		

여부를 회답할 것을 서면으로 촉구하여야 한다.

② 제1항의 촉구를 받은 구분소유자는 촉구를 받은 날부터 2개월 이내에 회답하여야 한다.

③ 제2항의 기간 내에 회답하지 아니한 경우 그 구분소유자는 재건축에 참가하지 아니하겠다는 뜻을 회답한 것으로 본다.

④ 제2항의 기간이 지나면 재건축 결의에 찬성한 각 구분소유자, 재건축 결의 내용에 따른 재건축에 참가할 뜻을 회답한 각 구분소유자(그의 승계인을 포함한다) 또는 이들 전원의 합의에 따라 구분소유권과 대지사용권을 매수하도록 지정된 자(이하 "매수지정자"라 한다)는 제2항의 기간 만료일부터 2개월 이내에 재건축에 참가하지 아니하겠다는 뜻을 회답한 구분소유자(그의 승계인을 포함한다)에게 구분소유권과 대지사용권을 시가로 매도할 것을 청구할 수 있다. 재건축 결의가 있은 후에 이 구분소유자로부터 대지사용권만을 취득한 자의 대지사용권에 대하여도 또한 같다.

⑤ 제4항에 따른 청구가 있는 경우에 재건축에 참가하지 아니하겠다는 뜻을 회답한 구분소유자가 건물을 명도(明渡)하면 생활에 현저한 어려움을 겪을 우려가 있고 재건축의 수행에 큰 영향이 없을 때에는 법원은 그 구분소유자의 청구에 의하여 대금 지급일 또는 제공일부터

1년을 초과하지 아니하는 범위에서 건물 명도에 대하여 적당한 기간을 허락할 수 있다. ⑥ 재건축 결의일부터 2년 이내에 건물 철거공사가 착수되지 아니한 경우에는 제4항에 따라 구분소유권이나 대지사용권을 매도한 자는 이 기간이 만료된 날부터 6개월 이내에 매수인이 지급한 대금에 상당하는 금액을 그 구분소유권이나 대지사용권을 가지고 있는 자에게 제공하고 이들의 권리를 매도할 것을 청구할 수 있다. 다만, 건물 철거공사가 착수되지 아니한 타당한 이유가 있을 경우에는 그러하지 아니하다. ⑦ 제6항 단서에 따른 건물 철거공사가 착수되지 아니한 타당한 이유가 없어진 날부터 6개월 이내에 공사에 착수하지 아니하는 경우에는 제6항 본문을 준용한다. 이 경우 같은 항 본문 중 "이 기간이 만료된 날부터 6개월 이내에"는 "건물 철거공사가 착수되지 아니한 타당한 이유가 없어진 것을 안 날부터 6개월 또는 그 이유가 없어진 날부터 2년 중 빠른 날까지"로 본다. [전문개정 2010. 3. 31.]		
제49조(재건축에 관한 합의) 재건축 결의에 찬성한 각 구분소유자, 재건축 결의 내용에 따른 재건축에 참가할 뜻을 회답한 각 구분소유자 및 구분소유권 또는 대지사용권을 매수한 각 매수지정자(이들의 승계인을 포함한		

다)는 재건축 결의 내용에 따른 재건축에 합의한 것으로 본다.		
제50조(건물이 일부 멸실된 경우의 복구) ① 건물가격의 2분의 1 이하에 상당하는 건물 부분이 멸실되었을 때에는 각 구분소유자는 멸실한 공용부분과 자기의 전유부분을 복구할 수 있다. 다만, 공용부분의 복구에 착수하기 전에 제47조제1항의 결의나 공용부분의 복구에 대한 결의가 있는 경우에는 그러하지 아니하다. ② 제1항에 따라 공용부분을 복구한 자는 다른 구분소유자에게 제12조의 지분비율에 따라 복구에 든 비용의 상환을 청구할 수 있다. ③ 제1항 및 제2항의 규정은 규약으로 달리 정할 수 있다. ④ 건물이 일부 멸실된 경우로서 제1항 본문의 경우를 제외한 경우에 관리단집회는 구분소유자의 5분의 4 이상 및 의결권의 5분의 4 이상으로 멸실한 공용부분을 복구할 것을 결의할 수 있다. ⑤ 제4항의 결의가 있는 경우에는 제47조제5항을 준용한다. ⑥ 제4항의 결의가 있을 때에는 그 결의에 찬성한 구분소유자(그의 승계인을 포함한다) 외의 구분소유자는 결의에 찬성한 구분소유자(그의 승계인을 포함한다)에게		

건물 및 그 대지에 관한 권리를 시가로 매수할 것을 청구할 수 있다. ⑦ 제4항의 경우에 건물 일부가 멸실한 날부터 6개월 이내에 같은 항 또는 제47조제1항의 결의가 없을 때에는 각 구분소유자는 다른 구분소유자에게 건물 및 그 대지에 관한 권리를 시가로 매수할 것을 청구할 수 있다. ⑧ 법원은 제2항, 제6항 및 제7항의 경우에 상환 또는 매수청구를 받은 구분소유자의 청구에 의하여 상환금 또는 대금의 지급에 관하여 적당한 기간을 허락할 수 있다. [전문개정 2010. 3. 31.]		
제2장 단지 제51조(단지관리단) ① 한 단지에 여러 동의 건물이 있고 그 단지 내의 토지 또는 부속시설(이들에 관한 권리를 포함한다)이 그 건물 소유자(전유부분이 있는 건물에서는 구분소유자를 말한다)의 공동소유에 속하는 경우에는 이들 소유자는 그 단지 내의 토지 또는 부속시설을 관리하기 위한 단체를 구성하여 이 법에서 정하는 바에 따라 집회를 개최하고 규약을 정하며 관리인을 둘 수 있다. ② 한 단지에 여러 동의 건물이 있고 단지 내의 토		

지 또는 부속시설(이들에 관한 권리를 포함한다)이 그 건물 소유자(전유부분이 있는 건물에서는 구분소유자를 말한다) 중 일부의 공동소유에 속하는 경우에는 이들 소유자는 그 단지 내의 토지 또는 부속시설을 관리하기 위한 단체를 구성하여 이 법에서 정하는 바에 따라 집회를 개최하고 규약을 정하며 관리인을 둘 수 있다.

③ 제1항의 단지관리단은 단지관리단의 구성원이 속하는 각 관리단의 사업의 전부 또는 일부를 그 사업 목적으로 할 수 있다. 이 경우 각 관리단의 구성원의 4분의 3 이상 및 의결권의 4분의 3 이상에 의한 관리단집회의 결의가 있어야 한다.

[전문개정 2010. 3. 31.]

제52조(단지에 대한 준용) 제51조의 경우에는 제3조, 제23조의2, 제24조, 제24조의2, 제25조, 제26조, 제26조의2부터 제26조의5까지, 제27조부터 제42조까지 및 제42조의2를 준용한다. 이 경우 전유부분이 없는 건물은 해당 건물의 수를 전유부분의 수로 한다.

제2장의2 집합건물분쟁조정위원회

제52조의2(집합건물분쟁조정위원회) ① 이 법을 적용받는 건물과 관련된 분쟁을 심의·조정하기 위하여 특별시·광역시·특별자치시·도 또는 특별자치도(이하 "시·

도"라 한다)에 집합건물분쟁조정위원회(이하 "조정위원회"라 한다)를 둔다. ② 조정위원회는 분쟁 당사자의 신청에 따라 다음 각 호의 분쟁(이하 "집합건물분쟁"이라 한다)을 심의·조정한다.〈개정 2015. 8. 11., 2020. 2. 4.〉 1. 이 법을 적용받는 건물의 하자에 관한 분쟁. 다만, 「공동주택관리법」 제36조 및 제37조에 따른 공동주택의 담보책임 및 하자보수 등과 관련된 분쟁은 제외한다. 2. 관리인·관리위원의 선임·해임 또는 관리단·관리위원회의 구성·운영에 관한 분쟁 3. 공용부분의 보존·관리 또는 변경에 관한 분쟁 4. 관리비의 징수·관리 및 사용에 관한 분쟁 5. 규약의 제정·개정에 관한 분쟁 6. 재건축과 관련된 철거, 비용분담 및 구분소유권 귀속에 관한 분쟁 6의2. 소음·진동·악취 등 공동생활과 관련된 분쟁 7. 그 밖에 이 법을 적용받는 건물과 관련된 분쟁으로서 대통령령으로 정한 분쟁 [본조신설 2012. 12. 18.]		
제52조의3(조정위원회의 구성과 운영) ① 조정위원회는 위원장 1명과 부위원장 1명을 포함한 10명 이내의 위원으로 구성한다.		

② 조정위원회의 위원은 집합건물분쟁에 관한 법률지식과 경험이 풍부한 사람으로서 다음 각 호의 어느 하나에 해당하는 사람 중에서 시·도지사가 임명하거나 위촉한다. 이 경우 제1호 및 제2호에 해당하는 사람이 각각 2명 이상 포함되어야 한다.

1. 법학 또는 조정·중재 등의 분쟁조정 관련 학문을 전공한 사람으로서 대학에서 조교수 이상으로 3년 이상 재직한 사람

2. 변호사 자격이 있는 사람으로서 3년 이상 법률에 관한 사무에 종사한 사람

3. 건설공사, 하자감정 또는 공동주택관리에 관한 전문적 지식을 갖춘 사람으로서 해당 업무에 3년 이상 종사한 사람

4. 해당 시·도 소속 5급 이상 공무원으로서 관련 업무에 3년 이상 종사한 사람

③ 조정위원회의 위원장은 해당 시·도지사가 위원 중에서 임명하거나 위촉한다.

④ 조정위원회에는 분쟁을 효율적으로 심의·조정하기 위하여 3명 이내의 위원으로 구성되는 소위원회를 둘 수 있다. 이 경우 소위원회에는 제2항제1호 및 제2호에 해당하는 사람이 각각 1명 이상 포함되어야 한다.

⑤ 조정위원회는 재적위원 과반수의 출석과 출석위원

과반수의 찬성으로 의결하며, 소위원회는 재적위원 전원 출석과 출석위원 과반수의 찬성으로 의결한다. ⑥ 제1항부터 제5항까지에서 규정한 사항 외에 조정위원회와 소위원회의 구성 및 운영에 필요한 사항과 조정 절차에 관한 사항은 대통령령으로 정한다. [본조신설 2012. 12. 18.]		
제52조의4(위원의 제척 등) ① 조정위원회의 위원이 다음 각 호의 어느 하나에 해당하는 경우에는 그 사건의 심의·조정에서 제척(除斥)된다. 1. 위원 또는 그 배우자나 배우자이었던 사람이 해당 집합건물분쟁의 당사자가 되거나 그 집합건물분쟁에 관하여 당사자와 공동권리자 또는 공동의무자의 관계에 있는 경우 2. 위원이 해당 집합건물분쟁의 당사자와 친족이거나 친족이었던 경우 3. 위원이 해당 집합건물분쟁에 관하여 진술이나 감정을 한 경우 4. 위원이 해당 집합건물분쟁에 당사자의 대리인으로서 관여한 경우 5. 위원이 해당 집합건물분쟁의 원인이 된 처분이나 부작위에 관여한 경우 ② 조정위원회는 위원에게 제1항의 제척 원인이 있		

는 경우에는 직권이나 당사자의 신청에 따라 제척의 결정을 한다. ③ 당사자는 위원에게 공정한 직무집행을 기대하기 어려운 사정이 있으면 조정위원회에 해당 위원에 대한 기피신청을 할 수 있다. ④ 위원은 제1항 또는 제3항의 사유에 해당하면 스스로 그 집합건물분쟁의 심의·조정을 회피할 수 있다. [본조신설 2012. 12. 18.]		
제52조의5(분쟁조정신청과 통지 등) ① 조정위원회는 당사자 일방으로부터 분쟁의 조정신청을 받은 경우에는 지체 없이 그 신청내용을 상대방에게 통지하여야 한다. ② 제1항에 따라 통지를 받은 상대방은 그 통지를 받은 날부터 7일 이내에 조정에 응할 것인지에 관한 의사를 조정위원회에 통지하여야 한다. ③ 제1항에 따라 분쟁의 조정신청을 받은 조정위원회는 분쟁의 성질 등 조정에 적합하지 아니한 사유가 있다고 인정하는 경우에는 해당 조정의 불개시(不開始) 결정을 할 수 있다. 이 경우 조정의 불개시 결정 사실과 그 사유를 당사자에게 통보하여야 한다. [본조신설 2012. 12. 18.]		
제52조의6(조정의 절차) ① 조정위원회는 제52조의5제1항에 따른 조정신청을 받으면 같은 조 제2항에 따른		

조정 불응 또는 같은 조 제3항에 따른 조정의 불개시 결정이 있는 경우를 제외하고는 지체 없이 조정 절차를 개시하여야 하며, 신청을 받은 날부터 60일 이내에 그 절차를 마쳐야 한다. ② 조정위원회는 제1항의 기간 내에 조정을 마칠 수 없는 경우에는 조정위원회의 의결로 그 기간을 30일의 범위에서 한 차례만 연장할 수 있다. 이 경우 그 사유와 기한을 분명히 밝혀 당사자에게 서면으로 통지하여야 한다. ③ 조정위원회는 제1항에 따른 조정의 절차를 개시하기 전에 이해관계인 등의 의견을 들을 수 있다. ④ 조정위원회는 제1항에 따른 절차를 마쳤을 때에는 조정안을 작성하여 지체 없이 각 당사자에게 제시하여야 한다. ⑤ 제4항에 따른 조정안을 제시받은 당사자는 제시받은 날부터 14일 이내에 조정안의 수락 여부를 조정위원회에 통보하여야 한다. 이 경우 당사자가 그 기간 내에 조정안에 대한 수락 여부를 통보하지 아니한 경우에는 조정안을 수락한 것으로 본다. [본조신설 2012. 12. 18.]		
제52조의7(출석 및 자료제출 요구) ① 조정위원회는 조정을 위하여 필요하다고 인정하는 경우 분쟁당사자, 분쟁 관련 이해관계인 또는 참고인에게 출석하여 진술하게		

하거나 조정에 필요한 자료나 물건 등을 제출하도록 요구할 수 있다. ② 조정위원회는 해당 조정업무에 참고하기 위하여 시·도지사 및 관련기관에 해당 분쟁과 관련된 자료를 요청할 수 있다. [본조신설 2020. 2. 4.] [종전 제52조의7은 제52조의8로 이동 〈2020. 2. 4.〉]		
제52조의8(조정의 중지 등) ① 조정위원회는 당사자가 제52조의5제2항에 따라 조정에 응하지 아니할 의사를 통지하거나 제52조의6제5항에 따라 조정안을 거부한 경우에는 조정을 중지하고 그 사실을 상대방에게 서면으로 통보하여야 한다. ② 조정위원회는 당사자 중 일방이 소를 제기한 경우에는 조정을 중지하고 그 사실을 상대방에게 통보하여야 한다. ③ 조정위원회는 법원에 소송계속 중인 당사자 중 일방이 조정을 신청한 때에는 해당 조정 신청을 결정으로 각하하여야 한다. [본조신설 2012. 12. 18.] [제52조의7에서 이동, 종전 제52조의8은 제52조의9로 이동 〈2020. 2. 4.〉]		
제52조의9(조정의 효력) ① 당사자가 제52조의6제5항		

에 따라 조정안을 수락하면 조정위원회는 지체 없이 조정서 3부를 작성하여 위원장 및 각 당사자로 하여금 조정서에 서명날인하게 하여야 한다. ② 제1항의 경우 당사자 간에 조정서와 같은 내용의 합의가 성립된 것으로 본다. [본조신설 2012. 12. 18.] [제52조의8에서 이동, 종전 제52조의9는 제52조의10으로 이동 〈2020. 2. 4.〉]		
제52조의10(하자 등의 감정) ① 조정위원회는 당사자의 신청으로 또는 당사자와 협의하여 대통령령으로 정하는 안전진단기관, 하자감정전문기관 등에 하자진단 또는 하자감정 등을 요청할 수 있다. ② 조정위원회는 당사자의 신청으로 또는 당사자와 협의하여 「공동주택관리법」 제39조에 따른 하자심사·분쟁조정위원회에 하자판정을 요청할 수 있다.〈개정 2015. 8. 11.〉 ③ 제1항 및 제2항에 따른 비용은 대통령령으로 정하는 바에 따라 당사자가 부담한다. [본조신설 2012. 12. 18.] [제52조의9에서 이동 〈2020. 2. 4.〉]		
제3장 구분건물의 건축물대장		

제53조(건축물대장의 편성) ① 소관청은 이 법을 적용받는 건물에 대하여는 이 법에서 정하는 건축물대장과 건물의 도면 및 각 층의 평면도를 갖추어 두어야 한다. 〈개정 2020. 2. 4.〉 ② 대장은 1동의 건물을 표시할 용지와 그 1동의 건물에 속하는 전유부분의 건물을 표시할 용지로 편성한다. ③ 1동의 건물에 대하여는 각 1용지를 사용하고 전유부분의 건물에 대하여는 구분한 건물마다 1용지를 사용한다. ④ 1동의 건물에 속하는 구분한 건물의 대장은 1책에 편철하고 1동의 건물을 표시할 용지 다음에 구분한 건물을 표시할 용지를 편철한다. ⑤ 제4항의 경우에 편철한 용지가 너무 많을 때에는 여러 책으로 나누어 편철할 수 있다. [전문개정 2010. 3. 31.]		
제54조(건축물대장의 등록사항) ① 1동의 건물을 표시할 용지에는 다음 각 호의 사항을 등록하여야 한다.〈개정 2013. 3. 23., 2020. 2. 4.〉 1. 1동의 건물의 소재지와 지번(地番) 2. 1동의 건물에 번호가 있을 때에는 그 번호 3. 1동의 건물의 구조와 면적 4. 1동의 건물에 속하는 전유부분의 번호		

5. 그 밖에 국토교통부령으로 정하는 사항 ② 전유부분을 표시할 용지에는 다음 각 호의 사항을 등록하여야 한다.〈개정 2013. 3. 23.〉 1. 전유부분의 번호 2. 전유부분이 속하는 1동의 건물의 번호 3. 전유부분의 종류, 구조와 면적 4. 부속건물이 있을 때에는 부속건물의 종류, 구조, 면적 5. 소유자의 성명 또는 명칭과 주소 또는 사무소. 이 경우 소유자가 둘 이상일 때에는 그 지분 6. 그 밖에 국토교통부령으로 정하는 사항 ③ 제2항제4호의 경우에 부속건물이 그 전유부분과 다른 별채의 건물이거나 별채인 1동의 건물을 구분한 것일 때에는 그 1동의 건물의 소재지, 지번, 번호, 종류, 구조 및 면적을 등록하여야 한다. ④ 제3항의 경우에 건물의 표시 및 소유자의 표시에 관한 사항을 등록할 때에는 원인 및 그 연월일과 등록 연월일을 적어야 한다. ⑤ 제3조제2항 및 제3항에 따른 공용부분의 등록에 관하여는 제2항과 제4항을 준용한다. 이 경우 그 건물의 표시란에 공용부분이라는 취지를 등록한다. ⑥ 구분점포의 경우에는 전유부분 용지의 구조란에		

경계벽이 없다는 뜻을 적어야 한다. [전문개정 2010. 3. 31.]		
제55조(건축물대장의 등록절차) 건축물대장의 등록은 소유자 등의 신청이나 소관청의 조사결정에 의한다.		
제56조(건축물대장의 신규 등록신청) ① 이 법을 적용받는 건물을 신축한 자는 1개월 이내에 1동의 건물에 속하는 전유부분 전부에 대하여 동시에 건축물대장 등록신청을 하여야 한다. ② 제1항의 신청서에는 제54조에 규정된 사항을 적고 건물의 도면, 각 층의 평면도(구분점포의 경우에는 「건축사법」 제23조에 따라 신고한 건축사 또는 「공간정보의 구축 및 관리 등에 관한 법률」 제39조제2항에서 정한 측량기술자가 구분점포의 경계표지에 관한 측량성과를 적어 작성한 평면도를 말한다)와 신청인의 소유임을 증명하는 서면을 첨부하여야 하며, 신청서에 적은 사항 중 규약이나 규약에 상당하는 공정증서로써 정한 것이 있는 경우에는 그 규약이나 공정증서를 첨부하여야 한다.〈개정 2014. 6. 3.〉 ③ 이 법을 적용받지 아니하던 건물이 구분, 신축 등으로 인하여 이 법을 적용받게 된 경우에는 제1항과 제2항을 준용한다. ④ 제3항의 경우에 건물 소유자는 다른 건물의 소유		

자를 대위(代位)하여 제1항의 신청을 할 수 있다. [전문개정 2010. 3. 31.]		
제57조(건축물대장의 변경등록신청) ① 건축물대장에 등록한 사항이 변경된 경우에는 소유자는 1개월 이내에 변경등록신청을 하여야 한다. ② 1동의 건물을 표시할 사항과 공용부분의 표시에 관한 사항의 변경등록은 전유부분 소유자 중 1인 또는 여럿이 제1항의 기간까지 신청할 수 있다. ③ 제1항 및 제2항의 신청서에는 변경된 사항과 1동의 건물을 표시하기에 충분한 사항을 적고 그 변경을 증명하는 서면을 첨부하여야 하며 건물의 소재지, 구조, 면적이 변경되거나 부속건물을 신축한 경우에는 건물도면 또는 각 층의 평면도도 첨부하여야 한다. ④ 구분점포는 제1조의2제1항제1호의 용도 외의 다른 용도로 변경할 수 없다. [전문개정 2010. 3. 31.]		
제58조(신청의무의 승계) 소유자가 변경된 경우에는 전 소유자가 하여야 할 제56조와 제57조제1항의 등록신청은 소유자가 변경된 날부터 1개월 이내에 새로운 소유자가 하여야 한다.		
제59조(소관청의 직권조사) ① 소관청은 제56조 또는 제57조의 신청을 받아 또는 직권으로 건축물대장에 등		

록할 때에는 소속 공무원에게 건물의 표시에 관한 사항을 조사하게 할 수 있다. ② 소관청은 구분점포에 관하여 제56조 또는 제57조의 신청을 받으면 신청 내용이 제1조의2제1항 각 호의 요건을 충족하는지와 건축물의 실제 현황과 일치하는지를 조사하여야 한다. ③ 제1항 및 제2항의 조사를 하는 경우 해당 공무원은 일출 후 일몰 전까지 그 건물에 출입할 수 있으며, 점유자나 그 밖의 이해관계인에게 질문하거나 문서의 제시를 요구할 수 있다. 이 경우 관계인에게 그 신분을 증명하는 증표를 보여주어야 한다. [전문개정 2010. 3. 31.]		
제60조(조사 후 처리) ① 제56조의 경우에 소관청은 관계 공무원의 조사 결과 그 신고 내용이 부당하다고 인정할 때에는 그 취지를 적어 정정할 것을 명하고, 그 신고 내용을 정정하여도 그 건물의 상황이 제1조 또는 제1조의2의 규정에 맞지 아니하다고 인정할 때에는 그 등록을 거부하고 그 건물 전체를 하나의 건물로 하여 일반건축물대장에 등록하여야 한다. ② 제1항의 경우에는 일반건축물대장에 등록한 날부터 7일 이내에 신고인에게 그 등록거부 사유를 서면으로 통지하여야 한다.		

[전문개정 2010. 3. 31.]		
제61조 삭제		
제62조 삭제		
제63조 삭제		
제64조 삭제		
제4장 벌칙 제65조(벌금) ① 제1조의2제1항에서 정한 경계표지 또는 건물번호표지를 파손, 이동 또는 제거하거나 그 밖의 방법으로 경계를 알아볼 수 없게 한 사람은 3년 이하의 징역 또는 1천만원 이하의 벌금에 처한다. ② 건축사 또는 측량기술자가 제56조제2항에서 정한 평면도에 측량성과를 사실과 다르게 적었을 때에는 2년 이하의 징역 또는 500만원 이하의 벌금에 처한다. [전문개정 2010. 3. 31.]		
제66조(과태료) ① 다음 각 호의 어느 하나에 해당하는 자에게는 500만원 이하의 과태료를 부과한다. 1. 제26조의2제1항 또는 제3항(제52조에서 준용하는 경우를 포함한다)에 따른 회계감사를 받지 아니하거나 부정한 방법으로 받은 자 2. 제26조의2제6항(제52조에서 준용하는 경우를 포		

함한다)을 위반하여 회계감사를 방해하는 등 같은 항 각 호의 어느 하나에 해당하는 행위를 한 자

② 다음 각 호의 어느 하나에 해당하는 자에게는 300만원 이하의 과태료를 부과한다.〈개정 2023. 3. 28.〉

1. 제26조의2제4항(제52조에서 준용하는 경우를 포함한다)을 위반하여 회계감사 결과를 보고하지 아니하거나 거짓으로 보고한 자

1의2. 제26조의5제1항(제52조에서 준용하는 경우를 포함한다)에 따른 보고 또는 자료 제출 명령을 위반한 자

2. 제59조제1항에 따른 조사를 거부·방해 또는 기피한 자

3. 제59조제3항에 따른 질문 및 문서 제시 요구에 응하지 아니하거나 거짓으로 응한 자

③ 다음 각 호의 어느 하나에 해당하는 자에게는 200만원 이하의 과태료를 부과한다.〈개정 2023. 3. 28.〉

1. 제9조의3제3항을 위반하여 통지를 하지 아니한 자

2. 제9조의3제4항을 위반하여 관리단집회를 소집하지 아니한 자

3. 제24조제6항(제52조에서 준용하는 경우를 포함한다)에 따른 신고를 하지 아니한 자

4. 제26조제1항(제52조에서 준용하는 경우를 포함한다)을 위반하여 보고를 하지 아니하거나 거짓으로 보고

한 자

4의2. 제26조제2항(제52조에서 준용하는 경우를 포함한다)을 위반하여 장부 또는 증빙서류를 작성·보관하지 아니하거나 거짓으로 작성한 자

4의3. 제26조제3항 각 호 외의 부분 후단(제52조에서 준용하는 경우를 포함한다)을 위반하여 정당한 사유 없이 제26조제1항에 따른 보고 자료 또는 같은 조 제2항에 따른 장부나 증빙서류에 대한 열람 청구 또는 등본의 교부 청구에 응하지 아니하거나 거짓으로 응한 자

5. 제30조제1항, 제39조제4항, 제41조제4항(이들 규정을 제52조에서 준용하는 경우를 포함한다)을 위반하여 규약, 의사록 또는 서면(전자적 방법으로 기록된 정보를 포함한다)을 보관하지 아니한 자

6. 제30조제3항, 제39조제4항, 제41조제4항(이들 규정을 제52조에서 준용하는 경우를 포함한다)을 위반하여 정당한 사유 없이 규약, 의사록 또는 서면(전자적 방법으로 기록된 정보를 포함한다)의 열람이나 등본의 발급 청구를 거부한 자

7. 제39조제2항 및 제3항(이들 규정을 제52조에서 준용하는 경우를 포함한다)을 위반하여 의사록을 작성하지 아니하거나 의사록에 적어야 할 사항을 적지 아니하거나 거짓으로 적은 자

8. 제56조제1항, 제57조제1항, 제58조에 따른 등록신청을 게을리 한 자 ④ 제1항부터 제3항까지의 규정에 따른 과태료는 대통령령으로 정하는 바에 따라 소관청(제2항제1호의2의 경우에는 시·도지사 또는 시장·군수·구청장을 말한다)이 부과·징수한다.〈개정 2023. 3. 28.〉 [전문개정 2020. 2. 4.]		

■ 집합건물의 소유 및 관리에 관한 법률 시행령 [별표] <개정 2023. 9. 26.>

과태료의 부과기준(제23조 관련)

1. 일반기준

가. 위반행위의 횟수에 따른 과태료의 가중된 부과기준은 최근 1년간 같은 위반행위로 과태료 부과처분을 받은 경우에 적용한다. 이 경우 기간의 계산은 위반행위에 대하여 과태료 부과처분을 받은 날과 그 처분 후 다시 같은 위반행위를 하여 적발된 날을 기준으로 한다.

나. 가목에 따라 가중된 부과처분을 하는 경우 가중처분의 적용 차수는 그 위반행위 전 부과처분 차수(가목에 따른 기간 내에 과태료 부과처분이 둘 이상 있었던 경우에는 높은 차수를 말한다)의 다음 차수로 한다.

다. 하나의 행위가 둘 이상의 위반행위에 해당하는 경우에는 그 위반행위 중 가장 중한 과태료를 부과하고, 둘 이상의 위반행위가 경합하는 경우에는 각 위반행위에 대하여 정한 과태료를 각각 부과한다.

라. 부과권자는 위반행위의 정도, 위반행위의 동기와 그 결과 등을 고려하여 제2호의 개별기준에 따른 과태료 금액의 2분의 1 범위에서 그 금액을 가중할 수 있다.

마. 부과권자는 다음의 어느 하나에 해당하는 경우에는 제2호의 개별기준에 따른 과태료 금액의 2분의 1 범위에서 그 금액을 감경할 수 있다. 다만, 과태료를 체납하고 있는 위반행위자의 경우에는 감경할 수 없으며, 감경 사유가 여러 개 있는 경우라도 감경의 범위는 과태료 금액의 2분의 1을 넘을 수 없다.

1) 위반행위가 사소한 부주의나 오류로 인한 것으로 인정되는 경우

2) 위반행위자가 위반행위를 바로 정정하거나 시정하여 해소한 경우

3) 그 밖에 위반행위의 정도, 위반행위의 동기와 그 결과 등을 고려하여 감경할 필요가 있다고 인정되는 경우

2. 개별기준

(단위: 만원)

위반행위	근거 법조문	과태료 금액		
		1차 위반	2차 위반	3차 이상 위반
가. 법 제9조의3제3항을 위반하여 통지를 하지 않은 경우	법 제66조제3항제1호	80		
나. 법 제9조의3제4항을 위반하여 관리	법 제66조제	80		

단집회를 소집하지 않은 경우	3항제2호			
다. 법 제24조제6항(법 제52조에서 준용하는 경우를 포함한다)에 따른 신고를 하지 않은 경우	법 제66조제3항제3호			
1) 신고 지연기간이 1개월 미만인 경우		20		
2) 신고 지연기간이 1개월 이상인 경우		40		
라. 법 제26조제1항(법 제52조에서 준용하는 경우를 포함한다)을 위반하여 보고를 하지 않거나 거짓으로 보고한 경우	법 제66조제3항제4호	15	30	50
마. 법 제26조제2항(법 제52조에서 준용하는 경우를 포함한다)을 위반하여 장부 또는 증빙서류를 작성·보관하지 않거나 거짓으로 작성한 경우	법 제66조제3항제4호의2	80	120	200
바. 법 제26조제3항 각 호 외의 부분 후단(법 제52조에서 준용하는 경우를 포함한다)을 위반하여 정당한 사유 없이 법 제26조제1항에 따른 보고 자료 또는 같은 조 제2항에 따른 장부나 증빙서류에 대한 열람 청구 또는 등본의 교부 청구에 응하지 않거나 거짓으로 응한 경우	법 제66조제3항제4호의3	80	120	200
사. 법 제26조의2제1항 또는 제3항(법 제52조에서 준용하는 경우를 포함한다)에 따른 회계감사를 받지 않거나 부정한 방법으로 받은 경우	법 제66조제1항제1호	200	300	500
아. 법 제26조의2제4항(법 제52조에서 준용하는 경우를 포함한다)을 위반하여 회계감사 결과를 보고하지 않거나 거짓으로 보고한 경우	법 제66조제2항제1호	200		
자. 법 제26조의2제6항(법 제52조에서 준용하는 경우를 포함한다)을 위반하여 회계감사를 방해하는 등 같은 항 각 호의 어느 하나에 해당하는 행위	법 제66조제1항제2호	200	300	500

를 한 경우				
차. 법 제26조의5제1항(법 제52조에서 준용하는 경우를 포함한다)에 따른 보고 또는 자료 제출 명령을 위반한 경우	법 제66조제2항제1호의2	50	100	200
카. 법 제30조제1항, 제39조제4항, 제41조제4항(이들 규정을 법 제52조에서 준용하는 경우를 포함한다)을 위반하여 규약, 의사록 또는 서면(전자적 방법으로 기록된 정보를 포함한다)을 보관하지 않은 경우	법 제66조제3항제5호	80	120	200
타. 법 제30조제3항, 제39조제4항, 제41조제4항(이들 규정을 법 제52조에서 준용하는 경우를 포함한다)을 위반하여 정당한 사유 없이 규약, 의사록 또는 서면(전자적 방법으로 기록된 정보를 포함한다)의 열람이나 등본의 발급청구를 거부한 경우	법 제66조제3항제6호	80	120	200
파. 법 제39조제2항 및 제3항(이들 규정을 법 제52조에서 준용하는 경우를 포함한다)을 위반하여 의사록을 작성하지 않거나 의사록에 적어야 할 사항을 적지 않거나 거짓으로 적은 경우	법 제66조제3항제7호	80	120	200
하. 법 제56조제1항, 제57조제1항, 제58조에 따른 등록신청을 게을리 한 경우	법 제66조제3항제8호			
1) 신청 지연기간이 1개월 미만인 경우			20	
2) 신청 지연기간이 1개월 이상인 경우			40	
거. 법 제59조제1항에 따른 조사를 거부·방해 또는 기피한 경우	법 제66조제2항제2호	50	100	200
너. 법 제59조제3항에 따른 질문 및 문서 제시 요구에 응하지 않거나 거짓으로 응한 경우	법 제66조제2항제3호	50	100	200

■ 집합건물의 소유 및 관리에 관한 법률 시행령 [별지 서식] <개정 2023. 9. 26.>

관리인 선임 신고서

※ 뒤쪽의 작성방법을 읽고 작성하시기 바라며, [ ]에는 해당되는 곳에 √ 표시를 합니다.

(앞쪽)

접수번호	접수일	처리기간 7일

건물현황	건물명			
	건물주소			
	세대수	세대	승강기 유무	대 또는 [ ]없음
			건 물 동 수	개동
	사용검사일	년 월 일	사업계획승인일	년 월 일
	사업주체	명 칭		
		소재지		

관리인	성 명		생년월일	
	주소			
	임기			
관리단	유형	[ ] 관리단(1개 동 건물) [ ] 단지관리단(여러 동 건물) [ ] 일부공용부분 관리단		

「집합건물의 소유 및 관리에 관한 법률」 제24조제6항 및 같은 법 시행령 제5조의5에 따라 위와 같이 신고합니다.

년 월 일

신고인 (서명 또는 인)

특별자치시장
특별자치도지사 귀하
시장 · 군수 · 구청장

첨부서류	관리인 선임사실을 입증할 수 있는 다음 각 호의 어느 하나에 해당하는 자료 1. 「집합건물의 소유 및 관리에 관한 법률」 제39조제2항에 따른 관리단집회 의사록 2. 「집합건물의 소유 및 관리에 관한 법률」 제28조에 따른 규약 및 같은 법 시행령 제11조제2항에 따른 관리위원회 의사록 3. 「집합건물의 소유 및 관리에 관한 법률」 제24조의2제1항에 따른 임시관리인 선임청구에 대한 법원의 결정문

210mm×297mm[백상지(80g/㎡) 또는 중질지(80g/㎡)]

(뒤쪽)

작성방법

1. 색상이 어두운 란은 신고인이 작성하지 않습니다.
2. "신고인"란에는 관리인(「집합건물의 소유 및 관리에 관한 법률」에 따른 관리인을 말합니다)을 적습니다.

처리절차

신고인	처리기관(담당부서)
	특별자치시, 특별자치도, 시ㆍ군ㆍ구(집합건물 관리 담당부서)
신고서 작성 →	접수
	↓
처리결과 통보	← 확인

3단법령시리즈 038

집합건물의 소유 및 관리에 관한 법률 (약칭 : 집합건물법)

법령·시행령·시행규칙 3단 수록

별표, 별지 서식 포함

2026년 1월 16일 인쇄
2026년 1월 26일 발행

정가 15,000원

편 저 KDS 편집부
디 자 인 송영미
발 행 인 조준형
발 행 처 한국데이터시스템
http://www.koreadatasystem.co.kr
E-mail : munbookcokr@naver.com
주 소 부산광역시 중구 해관로 41-1 (중앙동2가)
전화번호 (051) 253-0001 팩스 (051) 245-1187
등 록 제 2023-000006호

해광출판사에서는 여러분의 소중한 원고와 함께 할 기회를 기다리고 있습니다. 책으로 엮을 원고나 아이디어가 있으신 분들은 이메일 munbookcokr@naver.com로 책에 대한 간단한 개요와 원고 전체 또는 일부를 연락처와 함께 보내주십시오.

ISBN 979-11-24342-00-8

※ 법령 출처 : 법제처 국가법령정보센터
※ 본 도서는 〈공공데이터 제공 및 이용 활성화에 관한 법률〉을 근거로 출판되었습니다.

한국데이터시스템 3단법령시리즈

001. 근로기준법
002. 공동주택관리법
003. 중대재해 처벌 등에 관한 법률
004. 상가건물임대차보호법
005. 폐기물관리법
006. 위험물안전관리법
007. 화학물질관리법
008. 고압가스안전관리법
009. 주택임대차보호법
010. 화물자동차운수사업법
011. 대기환경보전법
012. 도로교통법
013. 화재의 예방 및 안전관리에 관한 법률
014. 주택법
015. 노동조합 및 노동관계조정법
016. 농지법
017. 도시 및 주거환경정비법
018. 공익사업을 위한 토지 등의 취득 및 보상에 관한 법률
019. 전기사업법
020. 건설기술 진흥법
021. 도시개발법
022. 산업입지 및 개발에 관한 법률
023. 시설물의 안전 및 유지관리에 관한 특별법
024. 재난 및 안전관리 기본법
025. 장사 등에 관한 법률
026. 식품위생법
027. 선박안전법
028. 의료법
029. 대부업 등의 등록 및 금융이용자 보호에 관한 법률
030. 물환경보전법
031. 개발제한구역의 지정 및 관리에 관한 특별조치법
032. 공유재산 및 물품 관리법
033. 수산업협동조합법
034. 형의 집행 및 수용자의 처우에 관한 법률
035. 해양환경관리법
036. 종합부동산세법
037. 환경영향평가법
038. 집합건물의 소유 및 관리에 관한 법률
039. 동물보호법
040. 자연재해대책법
041. 도시가스사업법
042. 수산업법
043. 채무자 회생 및 파산에 관한 법률
044. 실내공기질관리법
045. 자동차관리법
046. 산업재해보상보험법
047. 하수도법
048. 승강기 안전관리법
049. 부동산투자회사법
050. 노인복지법
051. 도시공원 및 녹지 등에 관한 법률
052. 국가를 당사자로 하는 계약에 관한 법률
053. 사회복지사업법
054. 산업안전보건법
055. 소방시설 설치 및 관리에 관한 법률
056. 민간임대주택에 관한 특별법
057. 장애인차별금지 및 권리구제 등에 관한 법률
058. 개인정보 보호법
059. 형사소송법
060. 외국인근로자의 고용 등에 관한 법률
061. 상법
062. 가사소송법
063. 건설산업기본법
064. 건축물관리법
065. 초·중등교육법
066. 해상교통안전법
067. 하천법
068. 국토의 계획 및 이용에 관한 법률
069. 하도급거래 공정화에 관한 법률
070. 장애인복지법
071. 사립학교법
072. 관광진흥법
073. 의료기기법
074. 공인중개사법
075. 가맹사업거래의 공정화에 관한 법률
076. 소방시설공사업법
077. 고등교육법
078. 산업기술의 유출방지 및 보호에 관한 법률
079. 양식산업발전법
080. 정신건강증진 및 정신질환자 복지서비스 지원에 관한 법률
081. 공공기관의 정보공개에 관한 법률
082. 선원법
083. 원자력안전법
084. 국민기초생활 보장법
085. 자원의 절약과 재활용촉진에 관한 법률
086. 지방공기업법
087. 민원 처리에 관한 법률
088. 빈집 및 소규모주택 정비에 관한 특례법
089. 지방자치단체를 당사자로 하는 계약에 관한 법률
090. 산림자원의 조성 및 관리에 관한 법률
091. 사료관리법
092. 주차장법
093. 아동복지법
094. 학원의 설립·운영 및 과외교습에 관한 법률
095. 약사법
096. 축산법
097. 소년법
098. 여객자동차운수사업법
099. 전자상거래 등에서의 소비자보호에 관한 법률
100. 지방자치법

한국데이터시스템 3단법령시리즈

101. 도로법
102. 독점규제 및 공정거래에 관한 법률
103. 항공보안법
104. 기후위기 대응을 위한 탄소중립 · 녹색성장 기본법
105. 저작권법
106. 자동차손해배상 보장법
107. 항만법
108. 건강기능식품에 관한 법률
109. 건설폐기물의 재활용촉진에 관한 법률
110. 재해구호법
111. 부가가치세법
112. 가축분뇨의 관리 및 이용에 관한 법률
113. 화장품법
114. 소방기본법
115. 공유수면 관리 및 매립에 관한 법률
116. 공증인법
117. 국가인권위원회법
118. 병역법
119. 국민체육진흥법
120. 새마을금고법
121. 의료사고 피해구제 및 의료분쟁 조정 등에 관한 법률
122. 전기공사업법
123. 정보통신망 이용촉진 및 정보보호 등에 관한 법률

* 한국데이터시스템의 「3단법령시리즈」는 계속 발행 됩니다.
**각 도서의 개정판은 인쇄일을 기준으로 제작 되었습니다.